Eberhard Platte **Gemeinde im Aufbruch!**

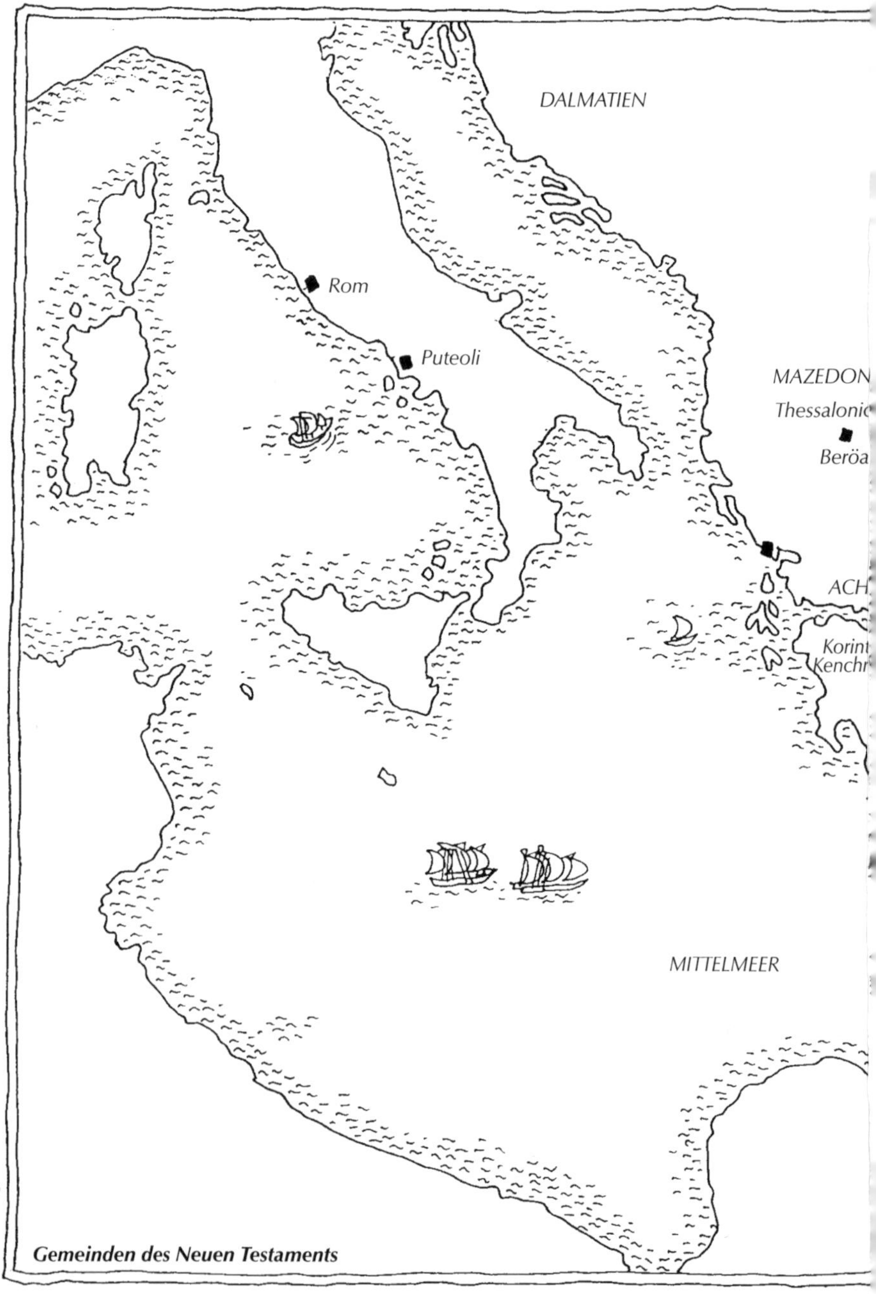

Gemeinden des Neuen Testaments

Zeichnung K. Albert

Eberhard Platte

Gemeinde im Aufbruch!

Zu Besuch in Gemeinden der Bibel

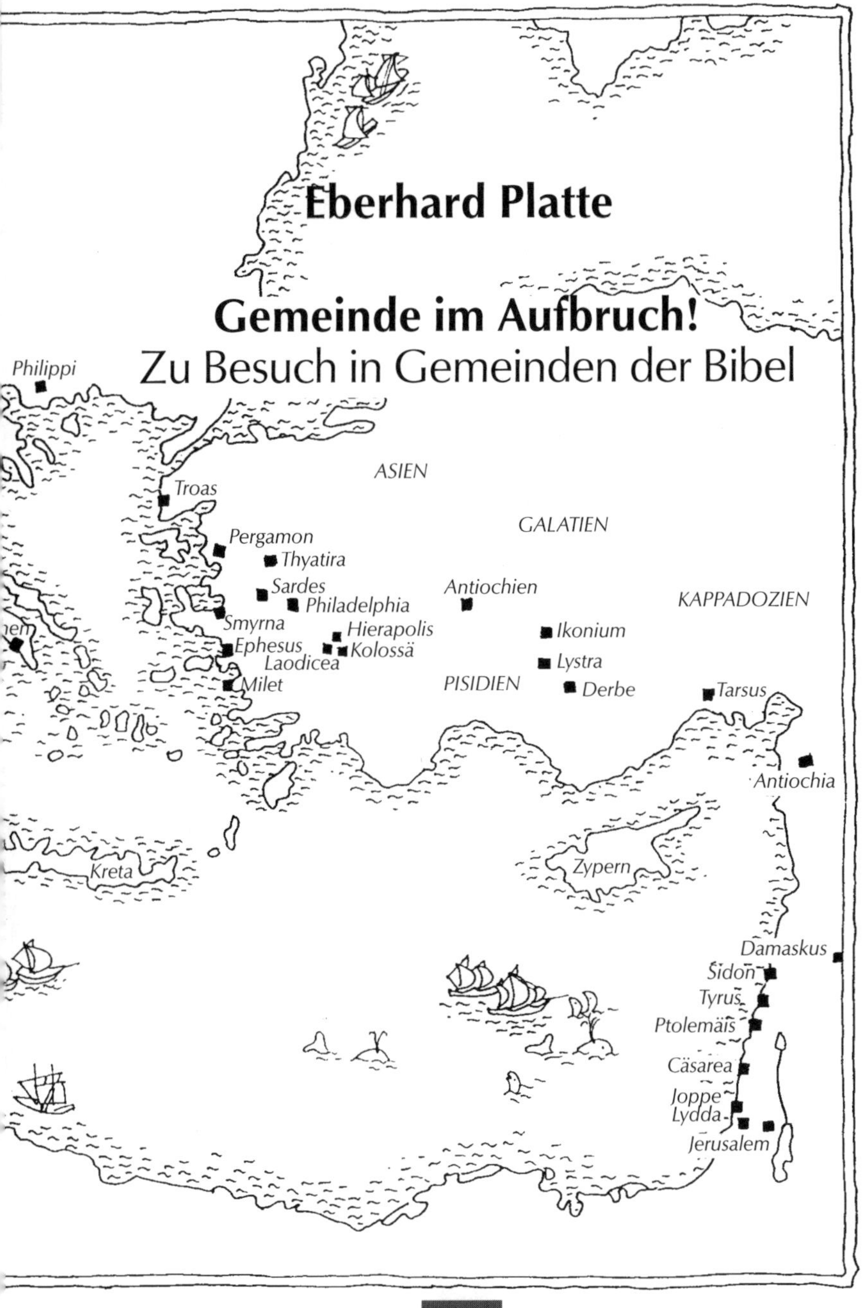

Impressum
© by Eberhard Platte, 71a.de, Wuppertal, 2003
und Christliche Verlagsgesellschaft, Dillenburg
edition als christ leben
Gesamtgestaltung: Eberhard Platte
Internet: www.als-christ-leben.71a.de
Druck: Fuldaer Verlagsagentur

Widmung

Für Erika,
die beste Ehefrau von allen,
und für meine leiblichen
und geistlichen Kinder

„Du nun ...
sei stark in der Gnade,
die in Christus Jesus ist;
und was du von mir
in Gegenwart vieler Zeugen
gehört hast,
das vertraue treuen Menschen an,
die tüchtig sein werden,
auch andere zu lehren!"
2. Timotheus 2,1+2

und für die Gemeinde
in Wuppertal-Barmen
www.wir-christen.de

„Damit du weißt,
wie man sich verhalten muss
im Haus Gottes,
das die Gemeinde
des lebendigen Gottes ist,
die Säule und Grundfeste
der Wahrheit."
1. Timotheus 3,15

Weitere Bücher in dieser Reihe:

- **„Fütter den Adler!“**
  (Wie kann ich siegreich leben?)
- **„Lehre uns beten, Herr!“**
  (Gedanken zum „Vaterunser“)
- **Vergebung ist mehr ...**
  (Wie geschieht echte Versöhnung?)
- **Unsere Ehe soll noch besser werden!**
  (Zu Besuch bei Ehepaaren der Bibel)

- **Gemeinde im Aufbruch!**
  (Zu Besuch in Gemeinden der Bibel)
- **Einführung in die biblische Seelsorge**
  (Psychotherapie und biblische Seelsorge)
- **Leben auf dem Pulverfass?**
  (Wie gehen wir mit unseren Gedanken um?)
- **Heiße Eisen in den Gemeinden**
  (Heikle Fragen - klar beantwortet)

- **Erziehen wir unsere Kinder falsch?**
  (Zu Besuch bei Familien der Bibel)
- **Sprechstunde bei Jesus**
  (Der Sohn Gottes als Seelsorger)
- **Kennst du Jesus wirklich?**
  (Wer war er, und wie war er?)
- **Darüber spricht man nicht ...**
  (Tabuthemen in Gemeinden)

- **Wenn euch eure Kinder fragen ...**
  (Die Botschaft der Bibel kindgemäß vermitteln)

Die Reihe wird fortgesetzt.

Inhalt

Vorwort

Sie war zum ersten Mal in der Gemeinde. Wir hatten sie bei einem Missionseinsatz in der Innenstadt kennen gelernt und zu einem Vortragsabend mitgebracht. Da sie zur Zeit auf der Straße lebte, boten wir ihr für die Nacht eine Übernachtungsmöglichkeit in unserer Familie an.

Der nächste Tag war ein Sonntag. Und da wir im Gemeindehaus wohnten, lag es nahe, sie zur Gemeindestunde mitzunehmen. Noch nie hatte sie eine Gemeinde besucht - geschweige denn eine Stunde der Anbetung und des Mahls des Herrn.

Nervös saß sie neben meiner Frau, als die Gemeindeglieder hereinkamen. Neugierig beobachtete sie, schaute sich unruhig um. „Sind das alles Christen?“, wollte sie leise wissen. „Ja“, antwortete meine Frau. Wieder gingen ihre Blicke unruhig hin und her. „Das ist so heilig hier! So sauber, so rein! Ich passe hier nicht hin! Ich bin so dreckig!“ - Sie hatte etwas von Gottes Gegenwart verspürt und merkte, dass ihr Leben so völlig anders war. Aber sie blieb - und war tief beeindruckt, obwohl sie kaum etwas von dem verstand, was da vorging. Natürlich lies sie Brot und Kelch vorübergehen. Aber die Lieder, die Gebete, das Reden mit Gott und immer wieder diese Lieder ...

Was schreibt Paulus der Gemeinde in Korinth:

> *„Wenn aber ... ein Ungläubiger oder Unkundiger hereinkommt (...), das Verborgene des Herzens wird offenbar, und so wird er auf sein Angesicht fallen und wird Gott anbeten und verkündigen, dass Gott wirklich unter euch ist.“*
>
> 1. Korinther 14,24-25

Ist uns eigentlich noch bewusst, was Gemeinde ist? Dass Gott versprochen hat, dort gegenwärtig zu sein?! Ich habe die Befürchtung, dass - wenn wir längere Zeit zur Gemeinde gehen - wir uns so sehr daran gewöhnen, dass wir nur noch die menschliche und nicht mehr die göttliche Seite sehen. Deshalb möchte ich mit diesem Buch einladen, die neutestamentlichen Gemeinden zu besuchen, um neu zu entdecken, wie Gemeinde nach Gottes Gedanken wirklich aussieht bzw. aussehen kann. Denn nicht das Namensschild an der Eingangstür macht die Gemeinde aus, sondern der Zustand und das Glaubensleben der Gemeindeglieder.

Durch meine Reisetätigkeit lerne ich viele Gemeinden im In- und Ausland kennen. Dabei fällt mir auf, dass immer mehr Gemeinden einen „freikirchlichen" Charakter bekommen. Was meine ich damit? Die Zusammenkünfte sind nicht mehr von der Vielzahl der Gaben der Geschwister einer Gemeinde geprägt, sondern werden „zelebriert". Einige wenige sind für den „Gottesdienst"-Ablauf verantwortlich. Sie schlagen die Lieder vor, lesen die Bibeltexte, planen den Predigtplan und teilen die Bekanntmachungen mit. Das aber fördert das Konsumverhalten der Gemeindeglieder. Die Mehrzahl der Geschwister degenerieren zu Gottesdienstbesuchern. Man kommt zur Stunde, steckt seinen Obulus in den Beutel und hat sein sonntägliches Ritual vollzogen. Ist das Gemeinde? Die sog. „erste Stunde", das Mahl des Herrn, verkommt zu einer Erinnerung an alte Zeiten für vorwiegend ältere Geschwister. Danach zur zweiten Stunde, der Predigt, erscheint das Gros der Gemeindeglieder und Freunde vor allem dann, wenn sie „familiengerecht", attraktiv, abwechslungsreich und möglichst kurz gestaltet wird. Die Wochenstunde wird in vielen Gemeinden bereits zu Hauskreisen umfunktioniert, damit sich auch Schwestern beteiligen können. Ist das alles Gemeinde, wie Gott sich das gedacht hat? Wie kann der jetzigen und der nächsten Generation vermittelt werden, was wirklich Gemeinde nach dem Neuen Testament ist? Das, was unseren Vätern des 19. Jahrhunderts so wichtig geworden war, dass sie die großen Denominationen verließen und die Schriften studierten, um sich in aller Einfachheit als Gemeinde zu versammeln.

Wenn wir neu zu einer biblischen Art des Zusammenkommens als Gemeinde zurückfinden wollen, müssen wir wie unsere Vorväter über die Bibel zum eigentlichen Inhalt und zur neutestamentlichen Bedeutung der Gemeinde zurückkehren. Das heißt nicht zurück zu Formen, Methoden und Traditionen, sondern zurück zum Inhalt. Und dieser Inhalt wird vorwiegend sichtbar in den Beschreibungen der ersten Gemeinden in der Apostelgeschichte und den Briefen.

So möchte ich in diesem Buch das Herz öffnen für das Eigentliche der neutestamentlichen Gemeinden und anregen, diese Erkenntnisse neu in unsere Zeit zu übersetzen und in unseren Gemeinden anzuwenden.

Eberhard Platte, Sommer 2003, Wuppertal

Ein Tipp fürs Lesen:
Dieses Buch kann auch in Haus- und Bibelkreisen gelesen und durchgearbeitet werden. Die angeführten Fragen am Ende eines jeden Kapitels können als Gesprächseinstieg genutzt werden.

Gemeinde im Aufbruch

1.
„Ich will meine Gemeinde bauen!“
Die Grundlage nach Matthäus 16,18

Die 5-Finger-Predigt über Gemeindebau

Wir mögen viel über Gemeindebau und -wachstum referieren, schreiben oder lesen - der Herr Jesus bringt das Thema auf eine ganz knappe Formel. Mit nur **fünf Wörtern** (also für jeden Finger ein Merkwort) sagt er in Matthäus 16,18 die Grundlage über seine Gemeinde:

*„... und auf diesen Felsen **werde ich meine Gemeinde bauen**, und des Hades Pforten werden sie nicht überwältigen."*

Bei allen Überlegungen, seien sie theologischer oder rein pragmatischer Art, darf uns diese Grundlage nie aus dem Sinn und aus dem Herzen geraten: Es geht immer und schlussendlich um die Verherrlichung Gottes und unseres Herrn Jesus Christus.

1. Finger: „Ich". Damit macht der Herr Jesus eindeutig klar, wer der Herr und Bauherr der Gemeinde ist. Wir mögen Mitarbeiter und Handlanger sein, aber er hat den Bau seiner Gemeinde geplant und führt ihn durch. Richten wir uns nach seinen Richtlinien in seinem Wort, der Bibel.

2. Finger: „werde". Wenn der Herr Jesus sich etwas vorgenommen hat, dann führt er es auch aus! Darauf können wir uns verlassen. Es ist sein Wille, dass Gemeinde gebaut wird. Bitten wir ihn darum, dass er es jetzt und hier bei uns am Ort tut.

3. Finger: „meine". Mit dem dritten Wort zeigt der Herr Jesus, wem die Gemeinde gehört: Nicht uns, nicht einer Gemeinschaft, sondern allein ihm. Und über das, was ihm gehört, wacht er eifersüchtig, denn diese Gemeinde liebt er.

Für sie gab er sein Leben. Sie ist deshalb sein uneingeschränktes Eigentum.

4. Finger: „Gemeinde". Die Gemeinde ist das großartigste Wunder, das es auf dieser Erde gibt! Sie besteht aus den unterschiedlichsten Leuten unterschiedlichster Herkunft - aber alle sind durch ihn errettet und bilden dadurch - und auch nur dadurch - die Einheit der Gemeinde!

5. Finger: „bauen". Damit sagt der Herr Jesus, dass seine Gemeinde hier auf der Erde noch nicht vollendet ist. Sie ist noch „im Bau". Und wir dürfen tagtäglich Mitarbeiter Gottes an diesem Haus Gottes sein. Welch ein Vorrecht! Dieses Buch möchte Mut machen, nach den Gedanken Gottes für seine Gemeinde zu fragen und mitzuarbeiten am Bau seiner Gemeinde.

Fragen zum Nachdenken:
- Was ist mir die Gemeinde wert?
- Wenn der Herr Jesus der Bauherr ist, was heißt das für unsere Gemeinde?

2.
Gottes liebster Gedanke: die Gemeinde!
Was war vor dem Anfang?

„Was tat Gott, bevor er die Welt geschaffen hatte?“ Diese Frage soll einmal Martin Luther gestellt worden sein. Luther vermutete wohl, dass der Fragesteller ihn lächerlich machen wollte, und antwortete in seiner ihm eigenen Art: „Da ist Gott in den Wald gegangen, um Ruten zu schneiden für solche Menschen, die so dumme Fragen stellen!“ Eine sicher zum Schmunzeln anregende Anekdote.

Aber dieser vielleicht dumm gestellten Frage geht Paulus im Epheserebrief nach und zeigt auf, dass Gott sehr wohl vor der Erschaffung der Welt etwas getan hat:

> *„Wie er uns in ihm* (Christus) *auserwählt hat vor Grundlegung der Welt.“* Epheser 1,4

Gott hat also, bevor er überhaupt irgendetwas geschaffen hat, schon den Gedanken an die Gemeinde Gottes gehabt und sie geplant.

Gott hat andere Maßstäbe und Schwerpunkte

Es war vor Jahren auf einem Seminar, auf dem William MacDonald einen Gedanken ausführte, der mich tief berührt hat. Er sagte dem Sinn nach: „Wir bringen unseren Kindern bei, wie sie etwas Großes und Bedeutendes werden können, z. B. Präsident von Amerika. Das erscheint vielen Menschen wichtig, daraufhin planen sie ihr Leben, investieren, setzen sich ein, lernen und üben Tage, Monate und Jahre. Aber Gott denkt offensichtlich darüber gar nicht nach. Nirgendwo in der Bibel“, so sagte MacDonald, „lesen wir etwas davon, wie wir Menschen hier auf der Erde etwas Großes werden könnten. Nirgendwo finden wir Voraussetzungen und Qualifikationen aufgelistet, die ein Präsident haben müsste. Das scheint Gott überhaupt nicht wichtig zu sein. Aber wir finden etliche Stellen, die die Voraussetzungen und Fähigkeiten eines Ältesten einer Gemeinde auflisten, um seinen Dienst zu tun. Das zeigt sehr deutlich, dass die Fragen der Gemeinde für Gott viel wichtiger sind als die Bedeutung von Führungspositionen in dieser Welt."

Gott hat also ganz andere Schwerpunkte und Maßstäbe als wir. Nicht nur, dass ihm die Gemeinde wichtiger ist als alle anderen Strukturen und Gemeinschaften, ihm ist sie auch viel wertvoller. In dem Vergleich, den Gottes Wort in Epheser 5,22-33 aufzeigt, wird erkennbar, dass die von ihm vor Grundlegung der Welt geplante Gemeinde noch eine tiefere Bedeutung hat:

Eine Braut für meinen Sohn!

Gott beschäftigte bereits vor Erschaffung der Welt vor allen Dingen die Frage: „Wie bekomme ich eine Braut für meinen Sohn?" Deshalb gebraucht er mehrfach in seinem Wort dieses Bild für die Gemeinde. Es veranschaulicht die innige, ja intime Beziehung, die Christus zu seiner Gemeinde hat und haben will.

Wenn ich darüber nachdenke, wird mir die Gemeinde überaus groß. Sie ist die Liebesbeziehung des Sohnes Gottes! Und bevor irgendetwas anderes von Gott geplant und erschaffen wurde, hatte er diesen Gedanken und diesen Plan in seinem Herzen!

Sollte mir dabei nicht ebenfalls das groß, wichtig und liebenswert werden, was meinem Herrn und Gott das Liebste ist? Sollte ich darum nicht auch der Gemeinde mit ebensolcher Ehre und Hochachtung begegnen? Oft sehen wir nur die menschliche Seite der Gemeinde - und wie oft „menschelt" es tatsächlich gewaltig - und wir neigen dazu, sie zu kritisieren oder gar zu verachten. Wenn aber die Gemeinde den ersten und bevorzugten Platz im Herzen Gottes einnimmt, sollte sie es nicht auch in meinem Herzen tun?!

Ein Geheimnis

Wie gesagt, das Anliegen „Gemeinde" hatte Gott bereits, bevor er die Welt geschaffen hatte. Doch hielt er diesen Gedanken als ein Geheimnis in seinem Herzen verborgen. Paulus sagt es so:

> *„Jetzt freue ich mich in den Leiden für euch und ergänze in meinem Fleisch, was noch aussteht von den Bedrängnissen des Christus für seinen Leib, das ist die Gemeinde. Ihr Diener bin ich geworden nach der Verwaltung Gottes, die mir in Blick auf euch gegeben ist, um das Wort Gottes zu vollenden, das Geheimnis, das von den Weltzeiten (Äonen) und von den Geschlechtern her verborgen war, jetzt aber seinen Heiligen geoffenbart worden ist."* Kolosser 1,24-26
>
> *„Mir (...) ist diese Gnade gegeben worden, den Nationen den unausforschlichen Reichtum zu verkündigen und ans Licht zu bringen, was die Verwaltung des Geheimnisses sei, das von den Zeitaltern her in Gott, der alle Dinge geschaffen hat, verborgen war."* Epheser 3,8

In der Schöpfung und in der Geschichte der Menschheit deutet Gott zwar in manchen Hinweisen an, was der eigentliche Wunschtraum seines Herzens ist, aber er lüftet das Geheimnis erst im Neuen Testament durch den Apostel Paulus.

So kann man im Rückblick manche Entwicklungen der

Menschheitsgeschichte unter diesem Aspekt erkennen. Versuchen wir einmal, einige Punkte schlaglichtartig zu beleuchten:

Gott will bei den Menschen wohnen

Der Wunsch Gottes ist von Beginn an, Gemeinschaft mit dem Menschen zu haben. In Sprüche 8,31 wird bereits davon gesprochen, dass *„seine Wonne bei den Menschen"* war. Gott besuchte den ersten Menschen (1. Mose 3,8), um Gemeinschaft mit ihm zu haben. *„Es ist nicht gut, dass der Mensch allein sei",* hatte Gott gesagt und ich denke, er meinte damit nicht nur die Gemeinsamkeit zwischen Mann und Frau in der Ehe. Nein, er hatte den Menschen vor allem auf die Gemeinschaft mit seinem Schöpfer angelegt.

Dieses Vorrecht der Gemeinschaft mit Gott verlor der Mensch durch den Sündenfall. Die Harmonie zwischen Gott und Mensch zerbrach unwiderruflich. Der Mensch stand nun unter dem Todesurteil Gottes und war von ihm getrennt. Doch die Sehnsucht nach der Gemeinschaft mit Gott blieb. Und der Wunsch Gottes auch. Augustinus Aurelius (354-430) beschreibt die menschlichen Sehnsucht nach dieser Gemeinschaft mit Gott so: „Zu dir hin hast du uns erschaffen und unruhig ist unser Herz, bis es zur Ruhe kommt in dir."

Immer wieder Neuanfänge

Gott beginnt, Brücken zum Menschen zu schlagen, Neuanfänge zu wagen. Aber alle folgenden Überbrückungsversuche sind nur Andeutungen von dem, was Gott eigentlich in seinem Herzen gehabt hatte, und Hinweise auf das, was er in der Gemeinde einmal zu verwirklichen gedachte.

Er bekleidet nach dem Sündenfall Adam und Eva mit Röcken von Fell (1. Mose 3,21). Dazu war nötig, dass ein Tier stellvertretend starb. Aber selbst der Kontakt zu Gott über das Opfer und über den Altar ist nur bruchstückhaft und eher symbolisch ein Bild von der wirklich gottgewollten Gemeinschaft.

Nicht umsonst wird das erste Buch Mose das „Buch der Neuanfänge" genannt. Gott setzt immer wieder zu einem Neuanfang mit dem Menschen an, um Gemeinschaft mit ihm zu verwirklichen. Doch immer und immer wieder versagt der Mensch. Denken wir an den Neubeginn mit Noah nach der Sintflut, denken wir an den neuen Anfang mit Abraham, dann der Beginn mit Israel als Volk.

Der Bau der Stiftshütte und die Anordnungen des Opfer- und Priesterdienstes zeigen, wie groß Gottes Anliegen ist, dem Menschen die Möglichkeit der Begegnung mit ihm zu geben. Er wohnt symbolhaft inmitten seines Volkes und gibt die Gelegenheit, ihn jederzeit anzusprechen. Einzelne erleben für kurze Momente diese Gegenwart Gottes, doch für die meisten bleibt er eher der „ferne, unnahbare, heilige Gott", vor dem sie sich fürchten und zittern.

Denken wir an den großen Tempelbau unter Salomo: Gott lässt bei der Einweihung des Heiligtums (1. Könige 8) durch das Herabkommen der „lichten Wolke", der Schechina, etwas von seiner Größe und Herrlichkeit erahnen. Doch selbst die Priester können wegen dieses sichtbaren Zeichens der Gegenwart Gottes nicht ihren Dienst im Tempel tun. Und schon bald verfallen das Volk und seine Regenten wieder in den Abfall von ihrem Gott, und dieser muss sein Heiligtum verlassen, als das Volk in die babylonische Gefangenschaft geführt wird.

Ein kurzes reformatorisches Aufleben des Volkes nach der Rückführung unter Serubbabel, Esra und Nehemia weicht der Gleichgültigkeit und der Verunreinigung des Tempel durch Antiochus Epiphanes.

Der durch Herodes neu erbaute imposante Tempel zur Zeit des Herrn Jesus ist schließlich nur eine pompöse Hülle ohne wirklichen Inhalt.

Wo bleibt die von Gott ersehnte Gemeinschaft mit dem Menschen?

Ja, Gott hatte es durch die Jahrhunderte hindurch immer wieder verheißen und angekündigt. Und er wird es auch ausführen. Er wird mit seinem Volk zum Ziel kommen. Einmal wird endlich der Augenblick kommen, dann, wenn *„die Hütte Gottes bei den Menschen"* sein wird (Offenbarung 21). Doch bis dahin wird der Wunsch Gottes nach Gemeinschaft nur zeit- und stellenweise von Einzelnen erlebt.

Gott hat es genau vorausgesagt

Zeitlich hatte sich Gott für dieses Ziel bereits schon seit Jahren festgelegt. Durch den Propheten Daniel (vgl. Daniel 9,24) hatte er seinem Volk genau sagen lassen, dass von dem Zeitpunkt der Wiederherstellung Jerusalems nach der babylonischen Gefangenschaft bis zu seiner Herrschaft inmitten seines Volkes insgesamt 70 Jahrwochen - also 490 Jahre - vorgesehen seien. Dabei unterteilt er diese Epoche in 69 Jahrwochen (= 483 Jahre) und 1 Jahrwoche (= 7 Jahre).

Und diese Unterteilung geschieht nicht ohne Grund! Nach den 69 Jahrwochen, so wird in Daniel 9,25-26 berichtet, wird der Messias, der Fürst Israels, weggetan sein.

Unschwer ist für uns heute zu erkennen, dass dies mit dem Tod, der Auferstehung und Himmelfahrt des Herrn Jesus Christus eingetreten ist. Was von der Verheißung bleibt, ist die 70. Jahrwoche. Sie ist noch zukünftig: Die Drangsal Israels und das Kommen des Herrn in Macht und großer Herrlichkeit.

Was aber ist mit der Zwischenzeit zwischen der 69. und der 70. Jahrwoche? Wenn die 69. Jahrwoche ca. im Jahr 33 nach Christus endete und die 70. Jahrwoche noch zukünftig ist, dann leben wir jetzt doch in einer „eingeschobenen" Zeitepoche!

Das ist die Zeit der Gemeinde

Dies ist die Zeitspanne, von der der Apostel Paulus bildhaft in Römer 11 spricht, wenn er den Vergleich benutzt, dass wir wie ein wilder Ölbaumzweig in den edlen Ölbaum eingepfropft sind, aber Israel auch wieder eingepropft werden wird, wenn die *„Vollzahl der Nationen eingegangen sein wird"*. Diese Zwischenzeit der Gemeinde ist dabei etwas völlig Anderes und völlig Neues. Hier offenbart und verwirklicht Gott das Geheimnis, von dem wir vorhin bei Paulus gelesen haben (Kolosser 1,24-26 und Epheser 3,8): Das Geheimnis, das er vor Erschaffung der Welt in seinem Herzen gehabt hatte: Die Gemeinde, der „Leib" oder die „Braut" des Christus.

Hier verwirklicht Gott in einer besonderen Gnadenzeit die innige, intime Liebesbeziehung, die er mit dem Menschen haben wollte.

Der Name der Gemeinde

Schon der Begriff, den die Bibel für die Gemeinde gebraucht, zeigt etwas von dem, was sich Gott mit der Gemeinde gedacht hatte: Ca. 100-mal wird im Neuen Testament dieser Ausdruck gebraucht: *„ecclesia"*. Er setzt sich aus den beiden griechischen Wörtern zusammen: *ek = aus* und *kaleo = rufen*. „Ecclesia" bedeutet also so viel wie „die Herausgerufenen".

Zum einen wird dieser Begriff rein politisch gebraucht als die Zusammenkunft der stimmberechtigten Bürger einer Stadt (Apostelgeschichte 19,32.39.41). Zum anderen wird er im übertragenen Sinn verwendet für die Gesamtheit derer, die durch Jesus Christus „herausgerufen" sind aus dieser Welt und die ihn als Herrn und Heiland anerkennen und bekennen (Apostelgeschichte 2,47; Epheser 1,1 u.v.am.).

Vier Bereiche der Gemeinde

Die Bibel beschreibt mit diesem Begriff insgesamt vier Bereiche der neutestamentlichen Gemeinde, die wir folgendermaßen unterscheiden können:

1. **Die Gesamtgemeinde weltweit**, das heißt alle Glaubenden von Pfingsten an bis zur Entrückung. Mit einem anderen Bild wird sie auch als der „Leib des Christus" beschrieben (Matthäus 16,18; Apostelgeschichte 2,47; 1. Korinther 12,12.28; Epheser 1,22-23; 3,10.21; 5,23-30 u.a.).
2. **Die Ortsgemeinde**. Das meint alle Glaubenden eines Ortes. Wir müssen heute sicher dabei beide Bereiche sehen:
   a) alle wirklich Glaubenden eines Ortes - unabhängig davon zu welcher Denomination sie sich zählen, und
   b) alle, die sich an einem Ort versammeln, um Gemeinde nach dem Neuen Testament zu verwirklichen und bemüht sind, nach den Aussagen des Wortes Gottes zusammenzukommen (Apostelgeschichte 2,47; 8,1.3; 11,22.26; 12,1 u.a.).

3. **Die historische Gemeinde**. Alle zu einer Zeit lebenden Glaubenden, d.h. der Teil des Leibes Christi, der jetzt gerade auf der Erde lebt (1. Korinther 10,32; 15,9).
4. **Mehrere Ortsgemeinden**. (Apostelgeschichte 15,41; 16,5; 1. Korinther 11,16; 16,17; 2. Korinther 8,1.18-19; Galater 1,2.22)

Ziel und Aufgabe der Gemeinde ist zum einen, Gott und Jesus Christus anzubeten (Johannes 4,23; Hebräer 13,15), zum anderen, ein Zeugnis Gottes in dieser Welt zu sein, seine Erlösungsbotschaft den Menschen weiterzusagen (1. Petrus 2,9).

Bilder, die Gott für die Gemeinde verwendet

Um uns zu erklären, wie er sich die Gemeinde vorstellt, gebraucht Gott verschiedene Bilder. Er will uns damit Teilaspekte der Gemeinde Gottes klarmachen:

1. **Die Braut** (Epheser 5,22-33; 1. Korinther 11,2)
   Dieses Bild spricht natürlich von dem Liebesverhältnis, das der Herr Jesus mit seiner Gemeinde haben möchte. Er hat sich aus Liebe zu ihr hingegeben in den Tod und wartet auf ihre Gegenliebe. Außerdem zeigt es die innige Gemeinschaft, die nirgends anders als bei einem Liebespaar zum Ausdruck kommt, die Fürsorge des Bräutigams für seine Braut, die Abhängigkeit der Braut von ihrem Bräutigam, ihre wartende Keuschheit und die Sehnsucht auf den Zeitpunkt der Vereinigung mit dem Geliebten.

2. **Der Tempel Gottes** (1. Petrus 2,3; Epheser 2,21)
   Dieser bildliche Vergleich ist für einen Israeliten leicht nachvollziehbar. Er kennt die Bedeutung des Tempels als

unmittelbare Begegnungsstätte mit Gott. Hier kommt der Gedanke der Gegenwart Gottes und seine Heiligkeit zum Ausdruck. Dieses Bild wird in der Bibel auf vier verschiedene Bereiche bezogen gebraucht:

- auf die Gesamtgemeinde (Epheser 2,21 *„Der heilige Tempel im Herrn"*)
- auf die Ortsgemeinde (1. Korinther 3,16 *„Der Tempel des Heiligen Geistes"*)
- auf die gegenwärtigen Gläubigen (2. Korinther 2,16 *„Der Tempel des lebendigen Gottes"*)
- und auf jeden einzelnen Gläubigen (1. Korinther 6,19 *„unser Leib, der Tempel des Heiligen Geistes"*)

Im Tempel wird **Dienst** für Gott getan. Dabei geht es um die Vermittlung zwischen Gott und Menschen. Gemeinde ist also nicht Selbstzweck, sondern steht immer in der unmittelbaren Verbindung zu Gott. So geschieht auch der Dienst in der Gemeinde in diesem Bewusstsein, immer zuerst für Gott da zu sein und von Gott her den Menschen zu dienen. In diesem Zusammenhang ist auch das so genannte „allgemeine Priestertum" zu verstehen (1. Petrus 2,5-9), bei dem der Herr Jesus Christus der Hohepriester ist (Hebräer 4,14; 5,8-10).

3. **Das Haus Gottes** (1. Timotheus 3,15; 1. Korinther 3,9)
Dieses Bild ist sicher für jeden, der ein Haus besitzt, sehr gut verständlich. Hier geht es Gott darum, uns etwas deutlich zu machen über den Eigentümer (Matthäus 16,18), über das Wohnen, Zuhausesein und Bauen. Der Grund des Hauses ist der Herr Jesus (1. Korinther 3,11), ebenso der Eckstein (1. Petrus 2,4). Die Grundlage bilden die Apostel und Propheten (Epheser 2,20), auf die der eigentliche Bau errichtet wird (1. Korinther 3,9). Dabei hat Gott

naturgemäß nicht nur die Planung und den Bauplan (die Bibel), sondern auch die Bauleitung. Wir sind nur Arbeiter, die mithelfen, dass der Bau vollendet wird. Es geht also nicht um unsere Ideen und Vorstellungen, sondern darum, so nah wie möglich an die Vorstellungen des „Bauherrn" heranzukommen.
Im erweiterten Bild vom Haus Gottes zeigt uns Petrus, dass wir nicht nur Mitarbeiter, sondern selbst auch lebendige Steine sind, die das Haus bilden (1. Petrus 2,4-7), und Paulus macht auf die Hausordnung aufmerksam (1. Timotheus 3,15), damit wir wissen, wie wir uns im Haus Gottes zu verhalten haben. Gerade an diesem Bild vom Haus Gottes wird klar, dass wir eine große Verantwortung haben, wenn Gemeinde gebaut wird. Nicht Nützlichkeitserwägungen, weder modische Trends noch alte Traditionen sind gefragt, sondern immer wieder neu: Was sagt Gottes Wort dazu?!

4. **Der Leib des Christus** (Römer 12,4-6; 1. Korinther 10,16; 12,12-17; Epheser 1,23,; 2,16; Kolosser 1,18; 2,19)
   Dieser Vergleich spricht von der Gemeinde als Organismus, also einem lebenden Körper. Sie ist also nicht eine tote Organisation oder Institution. Nicht Gremien und Ausschüsse verwalten und planen, sondern die einzelnen Glieder sind alle mit dem Haupt (dem Herrn Jesus Christus) verbunden. Nur wenn jedes Glied in enger Beziehung zum „Haupt" steht, kann Gemeinde gelebt werden. Organisationen leben durch Satzungen und Statuten. Ein Organismus von der exakten Steuerung vom Gehirn aus.
   Damit gewinnen drei Hauptgedanken Bedeutung:
   1. *die Bedeutung des Hauptes für den Leib*
      (Kolosser 1,18; 2,19),

2. *die Bedeutung des Leibes für das Haupt* (Epheser 1,23; 2,16),
3. *die Bedeutung der Glieder untereinander* (1. Korinther 12; Römer 12).

Gerade in Römer 12 und 1. Korinther 12 beschäftigt sich Gottes Wort sehr ausführlich mit dem Miteinander der Glieder des Leibes, mit ihren Aufgaben und der Verantwortung füreinander. Das sind Punkte, die sehr exakt in unsere Praxis des Gemeindealltags sprechen.

5. **Die Herde** (Apostelgeschichte 20,28-29; 1. Petrus 5,2-3)
Mit diesem Vergleich will Gottes Wort etwas von der Führsorge, Pflege, Führung und dem Schutz der Gemeinde sagen. Bereits im Alten Testament hatte Gott dieses Bild für sein Verhältnis zu Israel gebraucht, im Neuen Testament verwendet er es in Bezug auf die Gemeinde, um uns verschiedene Gedanken nahe zu bringen:
Zum einen hat Gott sich diese Herde (die Gemeinde) rechtmäßig erworben, sie ist sein Eigentum. Und er hat sie *für sich* erworben, das heißt, er möchte auch Nutzen von ihr haben (Apostelgeschichte 20,28).
Zum Weiteren ist er selbst, unser Herr, der Oberhirte. Er setzt sich für seine Herde ein, er pflegt und trägt sie, er ernährt sie und beschützt sie (Hebräer 13,20; 1. Petrus 2,25). In seiner Nachfolge bilden wir die *eine* Herde (Johannes 10,16).
Darüber hinaus gibt der Herr seiner Gemeinde auch Hirten (Epheser 4,11), Älteste, Aufseher, die in der Verantwortung vor ihm die Herde hüten, weiden und pflegen sollen (1. Petrus 5,2-3; Apostelgeschichte 20,28).

6. **Das Ackerfeld** (1. Korinther 3,9)
   Nur kurz wird dieses Bild erwähnt. Es spricht davon, dass die Gemeinde dazu da ist, dass Frucht für Gott entsteht und Gottes Mitarbeiter für dieses Ziel in der Gemeinde arbeiten.

7. **Pfeiler und Grundfeste der Wahrheit** (1. Timotheus 3,15)
   Mit diesem Vergleich zeigt Gott uns die Wichtigkeit und Verantwortung der Gemeinde in dieser Welt an.

Ob uns die Bedeutung neu bewusst werden kann, die Gott seiner Gemeinde zumisst? Er hat sie geplant, als Geheimnis in seinem Herzen verwahrt, durch den Apostel Paulus offenbart und in der Zeit seit Pfingsten verwirklicht. Wenn wir auch oftmals nur die Schwächen und Fehler der Gemeinde sehen, die Hilflosigkeit und die Schwachheit, so wollen wir uns immer wieder neu vor Augen halten: Es ist und bleibt Gottes Gemeinde, sie gehört ihm und er sieht sie in Christus vollkommen und einzigartig! In ihr möchte er gegenwärtig sein, in ihr möchte er angebetet und und durch sie geehrt werden. Sie soll in dieser Zeit ein sichtbares Zeugnis der Gegenwart und Größe Gottes sein, durch sie sollen die Tugenden Gottes in dieser Welt verkündigt werden (1. Petrus 2,9). Welch eine Ehre ist es, zu der Gemeinde des lebendigen Gottes gehören zu dürfen!

Wer gehört zur Gemeinde?

Verwundert schaute der junge Mann mich an, als ich ihm auf seine Frage, wie man Mitglied in der Gemeinde wird, antwortete: „Nein, in unserer Gemeinde können Sie nicht Mitglied werden." Nun, ich habe es ihm dann erklärt: Mitglied wird man in einer Organisation, in einem Verein. Die Gemeinde aber ist, wie wir gesehen haben, ein Organismus, keine Institution.

Deshalb gibt es in der Gemeinde nur Glieder wie an einem Körper, einem Leib. Das ist keineswegs Haarspalterei. Die Bibel gebraucht dieses Bild, um uns die Art und Funktion der Gemeinde zu erklären.

Glieder am „Leib des Christus“ (der Gesamtgemeinde) sind alle diejenigen, die in Buße und Glauben ihr Leben Jesus Christus anvertraut haben und um die Vergebung ihrer Sünden durch das Sterben Jesu auf Golgatha persönlich wissen. Sie gehören damit zur Gesamtgemeinde aller Glaubenden, egal zu welchem Kreis, zu welcher Gemeinde, welcher Kirche oder Freikirche sie sich bisher zählen.

Wer aber verstanden hat, was Gemeinde nach den Gedanken Gottes wirklich sein soll, wird den Wunsch verspüren, sich auch örtlich ohne große Organisation, ohne Institution, ohne lähmende Tradition einfach und allein auf der Basis der Aussagen des Wortes Gottes zu versammeln.

Dazu möchte dieses Buch verhelfen.

Fragen zum Nachdenken:

- Wenn Gemeinde das Herzensanliegen Gottes ist, was bedeutet sie mir?
- Gehöre ich zur Gemeinde des lebendigen Gottes und entspricht die Gemeinde, zu der ich gehe, den Aussagen des Wortes Gottes?

3. Wie hat sich Gott die Gemeinde gedacht?

Zu Besuch in der Gemeinde in Jerusalem

Der erste Eindruck von Jerusalem war eher enttäuschend gewesen. Wir waren von einem Tagesausflug vom Toten Meer durch die Wüste Juda südlich von Jerusalem her gekommen, hatten im Kidrontal das Kloster Mar Saba besichtigt und waren durch die Neustadt Jerusalems gleich zum Hotel „Holy Land" gefahren. Jerusalem? Eine Großstadt wie jede andere auch. Nur chaotischer, internationaler, orientalischer. „Morgen werden wir das eigentliche Jerusalem sehen", meinte der Reiseführer, „und zwar von einer anderen Seite. Das werdet ihr nicht vergessen!"

Und tatsächlich: Wir fuhren mit dem Bus um Jerusalem herum und näherten uns von der Straße von Jericho aus, über Bethanien und Betphage kommend, dem Ölberg. Als wir auf dem großen Parkplatz den Autobus verließen, hatten wir den grandiosen Blick auf Jerusalem, wie man ihn aus jedem Bildband kennt. Die Sonne ließ die Häuser in herrlichem goldgelbem Ocker erstrahlen und die Kuppel des Felsendoms der Omar-Moschee glänzte, als sei sie die Mitte des Panoramas. Ich versuchte, mich hineinzuversetzen in die Zeit Jesu und der ersten Gemeinde. Die lästigen Souvenierhändler musste man sich natürlich wegdenken und statt des Felsendoms den herodianischen Tempel im geistlichen Auge einsetzen. Der war mindestens genauso, wenn nicht sogar imposanter gewesen.

Wir gingen zwischen alten Mauern und mächtigen Ölbäumen hinunter ins Kidrontal, verweilten im Garten Gethsemane und tauchten dann in die Altstadt dieser einmaligen Stadt ein, die uns sofort mit ihrem orientalischen Flair gefangen nahm. Diese Stadt hat eine Anziehungskraft, die man schwer beschreiben kann. Von Juden besungen, von Muslimen umkämpft und von Christen verehrt. Was ist nur das Geheimnis dieser Stadt, die durch alle Jahrhunderte hindurch

Grundriss von Jerusalem zur Zeit Jesu

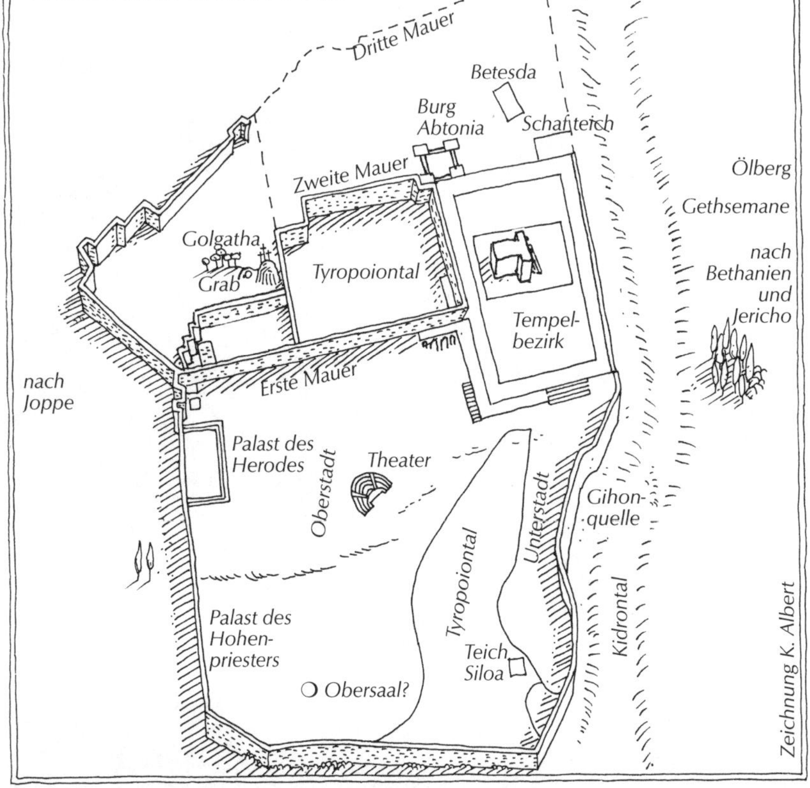

Blick über Jerusalem vom Ölberg aus

Blick über Jerusalem zur Zeit des Neuen Testamentes

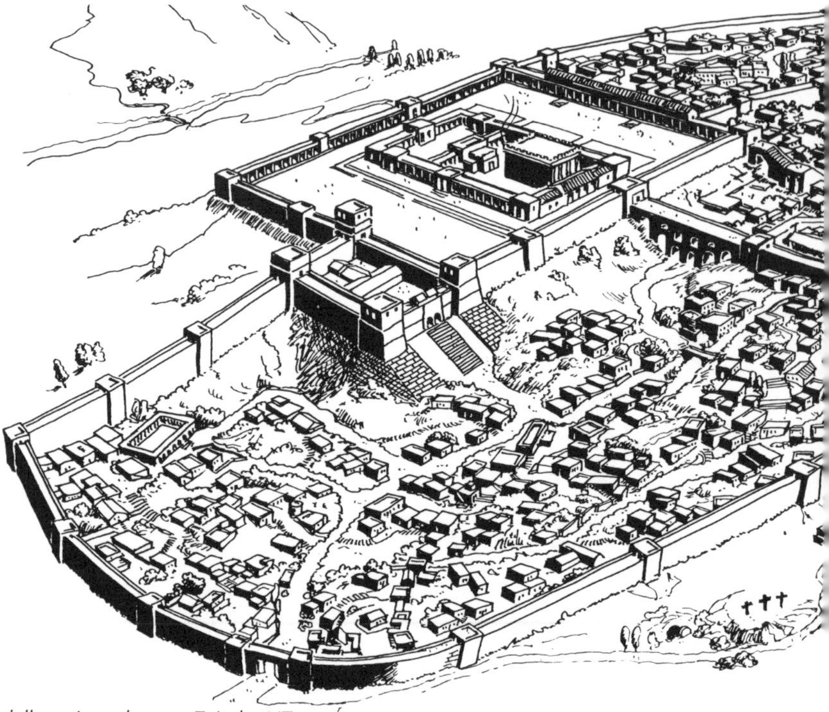

Modell von Jerusalem zur Zeit des NT

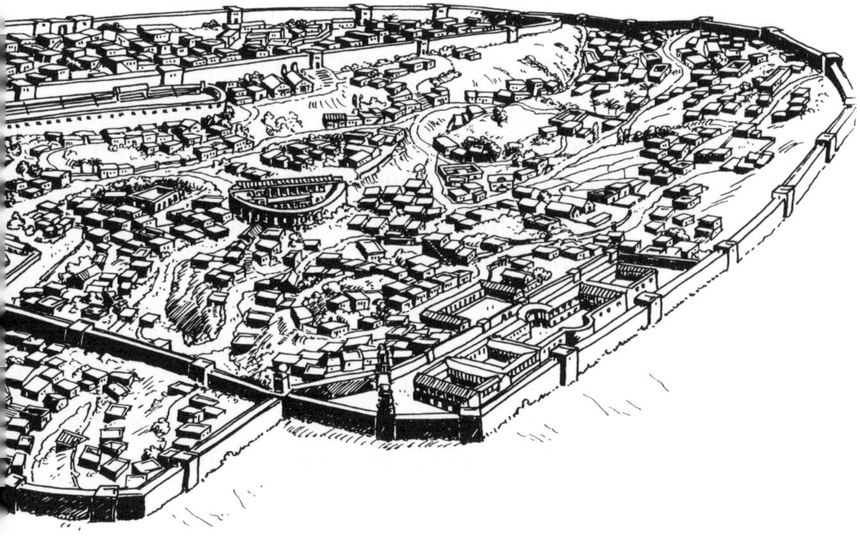

Grundriss des herodianischen Tempels

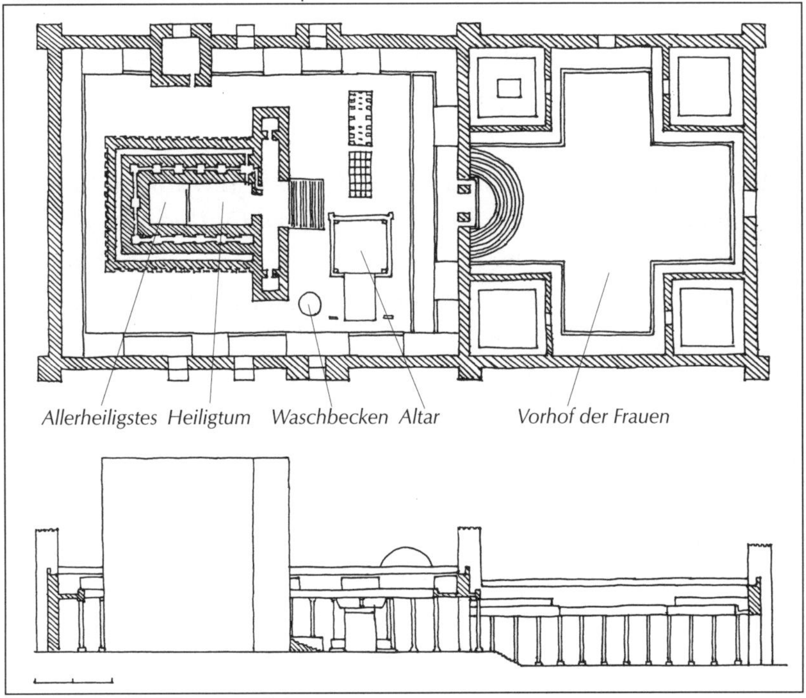

das Blut ihrer Bürger fraß. Wibke Bruns, seit 1980 Nahost-Korrespondentin der Illustrierten „Stern" in Jerusalem, formuliert es so: „Verwirrend vieles trifft in Jerusalem auf engstem Raum aufeinander: Unwägsames, Irreales neben nackter Gewalt, Geschichte unter jedem Stein, Religion über allen Dächern, Politik auf Schritt und Tritt, Krämergeist und weltfremde Wolkenschieberei. Jerusalem steht für Sehnsucht, Hass, Traum; vor allem aber für Rivalität. Von König David über die Römer bis zu den Kreuzfahrern, von den Arabern, Türken, Engländern bis zu den Israelis und Palästinensern - jeder hat diese Stadt unbedingt haben wollen. ‚Mein Jerusalem' sagen sie alle, sagen sie heute lauter denn je und sind bis zur Selbstaufopferung bereit, ihren Anspruch durchzusetzen. ‚Mein Jerusalem', das geht auch dem Zugereisten, dem Nichtdazugehörigen erstaunlich leicht von den Lippen und ist sogleich mehr als ein Lippenbekenntnis. Mitgerissen von dem Sog unbändiger Emotionen freut und ängstigt sich bald auch der Fremde, fühlt sich verantwortlich, glaubt beurteilen zu können, verurteilen zu müssen. Jerusalem ist keine Gedenkstätte, kein Museum, an deren Eingang man Eintritt zahlt für einen Trip durch wohlrestaurierte Vergangenheit. Diese uralte und ewig unveränderte Stadt lebt, das Heute, der Alltag hier ist explosiv und unberechenbar, heiter und besinnlich, bedrückend und beglückend zugleich."

Wie sagte es derPsalmist? *„Wenn ich dich vergesse, Jerusalem ..."* (Psalm 137,5).

Wie soll man Jerusalem beschreiben?

Jerusalem: Mittlere Großstadt im Hochland Palästinas. Keine Bodenschätze, kein Hafen, kaum Industrie. 410.000 Einwohner, davon 21,1 Prozent Sozialhilfeempfänger. Jährliches Defizit der Stadtverwaltung 2,5 Millionen Euro.

In der Alstadt Jerusalems

Jerusalem: Heilige Stadt der Juden, Moslems und Christen. Etwa 5000 Synagogen, 60 Moscheen, 200 Kirchen und Klöster. Zahllos die historischen Stätten der drei Religionen. Klagemauer, Golgatha, Gabbatha, Gartengrab, Tempelberg, Betesda, Gethsemane und Ölberg.

Jerusalem: „Stadt des Friedens"? 36 Kriege, 17-mal zerstört. Seit Ende der Türkenherrschaft 53-mal Gegenstand von Gutachten internationaler Gremien, 27-mal Thema in der Vollversammlung der Vereinten Nationen und im Weltsicherheitsrat. Täglich auf den Titelseiten der internationalen Presse. Kernstück der Nahostkrise und Alptraum von Politikern. 19 Jahre durch Mauer, Stacheldraht und Minenfelder getrennt, seit dem Krieg 1967 „unteilbare Hauptstadt Israels".

Jerusalem: Wer ist über diese Steine nicht schon alles gegangen: Juden, Babylonier, Perser, Römer, Kreuzfahrer, Türken, Engländer, Jordanier. Wer hat hier nicht schon regiert? Die Stadt ist stärker als sie alle.

Die Geschichte dieser Stadt

Nicht ohne Grund entstand die erste biblische Gemeinde in dieser Stadt! Zum ersten Mal wird Jerusalem in der Bibel in 1. Mose 14,18 erwähnt. Als Abraham von der Verfolgung der Könige zurückkehrt, die seinen Neffen Lot entführt hatten, kommt ihm Melchisedek entgegen, der König und *„Priester Gottes, des Höchsten“* genannt wird, um Abraham zu segnen. Abraham gibt diesem priesterlichen König von **Salem** den zehnten Teil der Beute, offensichtlich in dem Bewusstsein, dass dieser Melchisedek eine besondere Beziehung zu Gott, dem Allmächtigen hat, der ihm - Abraham - erschienen war. Auch der Name der Stadt weist auf diese Beziehung hin: Salem (hebr. Shalom) bedeutet „Frieden“.

Gott scheint Abraham wenige Kapitel später eine weitere Ahnung dieser Region gegeben zu haben, indem er in unmittelbarer Nähe dieses Ortes ihm Anweisung gibt, auf dem Berg seinen Sohn Isaak zu opfern (1. Mose 22,2). Hier erfährt Abraham bereits, dass Gott stellvertretend das wahre Opfer einmal stellen würde, das nicht nur für seinen Sohn Isaak, sondern für alle Menschen sterben wird. Die Juden gehen davon aus, dass dies der Berg Moriah ist, die *„Stätte, die der Herr, euer Gott, erwählen wird, um seinen Namen daselbst niederzulegen“* (5. Mose 12,5).

Dieser Berg ist der Platz, auf dem heute der Felsendom und die El-Aksa-Moschee erbaut ist, der Ort, an dem Salomo den ersten Tempel errichtete und die Stätte, auf der einmal der neue Tempel gebaut werden wird.

Dabei war Jerusalem gar nicht von Anfang an der zentrale Punkt des Landes. Erst 400 Jahre nach der Landeinnahme unter Josua nimmt David die Bergfeste Zion ein (2. Samuel 5,7) und bringt die Bundeslade dorthin auf die Tenne Ornans (1. Chronik 16,1). Dort plant er den Tempel, den Salomo erbaut (1. Könige 8) und in dem die Herrlichkeit Gottes Wohnung nimmt. Nun wird Jerusalem Hauptstadt des Landes. Eine bewegte Geschichte folgt.

Wieder 400 Jahre später wird dieser Tempel durch den babylonischen Herrscher Nebukadnezar zerstört (2. Chronik 36,19). 70 Jahre der Gefangenschaft folgen, bevor unter Esra und Nehemia die Stadt und der Tempel wieder aufgebaut wird (Esra 1-6). Auch in den folgenden Jahrhunderten überrollen Kämpfe die Stadt und das Land. Von Norden die Perser, von Süden die Ägypter, Aufstände der Makkabäer, Besatzung und Gewaltherrschaft durch die Seleuciden. Erst als die Römer das Land besetzen, kommt eine gespannte Ruhe ins Land. Herodes der Große, edomitischer Herrscher von Roms Gnaden, versucht durch gigantische Bauwerke sowohl die Gunst der Juden zu erkaufen als auch seine eigene Machtstellung auszubauen. So baut er nicht nur das Theater und den Aquädukt in Cäsarea, das Herodion in der judäischen Wüste und die Festung Massada am Toten Meer, sondern u.a. in 46 Jahren den gesamten Tempelplatz: ein Bauwunder der damaligen Welt.

Zur Zeit des Herrn Jesus und seiner Jünger ist er gerade fertig gestellt und fasziniert die Jünger in seiner Größe und Pracht (Johannes 2,20; Matthäus 24,1). Rekonstruktionen dieses Tempels lassen den gewaltigen Eindruck erahnen, den er bei den Besuchern Jerusalems hinterließ. Ja, selbst heutige Touristen stehen staunend vor den riesigen Steinquadern, die vom Fundament dieses Tempels übrig geblieben sind und die

Steinquader der „Klagemauer"

Grundlage der sog. Klagemauer bilden, der Westmauer des Tempelbergs. 4 x 11 Meter messen diese Steine, und man fragt sich, wie sie mit den damaligen Mitteln verbaut werden konnten.

> *„Und als Jesus aus dem Tempel heraustrat, sagt einer seiner Jünger zu ihm: Lehrer, sieh, was für Steine und was für Gebäude! Und Jesus sprach zu ihm: Siehst du diese großen Gebäude? Hier wird nicht ein Stein auf dem anderen gelassen werden, der nicht abgebrochen werden wird."* Markus 13,1-2; vgl. Lukas 21,5 und Matthäus 24,1-2.

Diese Ankündigung des Herrn wurde grausame Realität im Jahr 70 unserer Zeitrechnung. Der Tempel und Jerusalem

wurden durch die Römer zerstört und der Tempelplatz „geschliffen“. In seinem Buch „Der jüdische Krieg“ beschreibt der Historiker Josephus diese dramatische Zeit und ihre Hintergründe detailliert.

Doch damit ist die Geschichte dieser Stadt keineswegs zu Ende. Gott hat in seinem Wort, der Bibel, viele Voraussagen über sie gemacht. Und die Berichterstattung der heutigen aktuellen Presse lässt erahnen, dass in Kürze diese Prophezeiungen Gottes ihre Erfüllung finden werden. Sowohl, was an Grausamkeiten und Katastrophen kommen wird, als auch die herrliche Zukunft dieser Stadt: Er selbst, der Herr Jesus, wird von dieser Stadt aus einmal regieren als der *„König der Könige und Herr der Herren“*. Diese Stadt wird dann das *„Haupt aller Völker“* sein!

Die Beziehung des Herrn Jesus zu Jerusalem

Der Herr Jesus nennt diese Stadt einmal die Stadt des großen Königs (Matthäus 5,35). Sie ist die Stadt, in der er verworfen, angeklagt und gegeißelt wurde. Hier wurde er gekreuzigt und begraben. Und hier stand er von den Toten auf.

„Jerusalem, Jerusalem“, sagt er über diese Stadt, *„die da tötet die Propheten und steinigt, die zu ihr gesandt sind! Wie oft habe ich deine Kinder versammeln wollen, wie eine Henne ihre Küken versammelt unter ihre Flügel, und ihr habt nicht gewollt!“*
Matthäus 23,37; Lukas 13,34

Die Bibel berichtet, dass er von dem stadtnahen Ölberg gen Himmel auffuhr und dass er dort auch wiederkommen wird in *„Macht und großer Herrlichkeit“* (Matthäus 24,30; Lukas 21,27), *„um die Völker zu richten“* (Psalm 7,9; 67,5; 96,10; Jesaja 51,5).

In dieser Stadt wurde der Herr Jesus verworfen, angeklagt und gegeißelt ...

Wir merken, die Geschichte dieser Stadt ist noch nicht zu Ende. Sie wird einmal ihrem Namen „Jahwe ist Frieden" gerecht werden. Doch bis dahin ist wie in all den vergangenen Jahrhunderten ihrer bewegten Geschichte nur sehr sehr wenig von diesem Frieden zu sehen gewesen. Die Auseinandersetzungen, die Teilung der Stadt und die laufenden Terroranschläge machen etwas deutlich von ihrer völkerumspannenden Bedeutung.

Und hier entsteht Gemeinde!

Der Raum des Obersaals, in dem der Herr Jesus in der letzten Nacht vor seinem qualvollen Tod mit seinen Jüngern das letzte Passah und das Abendmahl feierte (Lukas 22,12), dient den Jüngern nach der Himmelfahrt als Ort, wo sie sich zum Beten versammeln (Apostelgeschichte 1,13-15).

Hier wurde er gekreuzigt und begraben. Und hier stand er von den Toten auf.

Bald schon kamen hier an die 120 Personen zusammen. Offensichtlich hatte sich die Botschaft von der Auferstehung und Himmelfahrt unter den ehemaligen Jüngern und Freunden des Herrn schnell herumgesprochen und man blieb zusammen, so wie der Herr Jesus es seinen Jüngern bei seinem Abschied gesagt hatte:

„Ihr aber, bleibt in der Stadt, bis ihr angetan werdet mit Kraft aus der Höhe." Lukas 24,49

Man vermutet diesen Ort im Südwesten der Altstadt. Am frühen Pfingstmorgen, 50 Tage nach der Auferstehung, erfüllt sich diese Vorhersage des Herrn Jesus an ihnen: Er sendet den Heiligen Geist. Dieses einmalige Ereignis schidert die Bibel so:

„Und als der Tag des Pfingstfestes erfüllt war, waren sie alle an einem Ort beisammen. Und plötzlich geschah aus dem Himmel ein Brausen, als führe ein gewaltiger Wind daher, und erfüllte das ganze Haus, wo sie saßen. Und es erschienen ihnen zerteilte Zungen wie von Feuer, und sie setzten sich auf jeden einzelnen von ihnen. Und sie wurden alle mit Heiligem Geist erfüllt und fingen an, in anderen Sprachen zu reden, wie der Geist ihnen gab auszusprechen." Apostelgeschichte 2,1-4

Dieses Ereignis bleibt nicht verborgen, da die wegen des Festes übervölkerte Stadt in Bewegung kommt und die Jünger bald Rede und Antwort stehen müssen. Petrus und die übrigen Apostel verkündigen der aufgewühlten Menge, was Gott hier als Erfüllung der alttestamentlichen Verheißungen hat geschehen lassen. Insbesondere die klare Predigt des Petrus dringt den Zuhörenden ins Herz - ihnen sind ja die Geschehnisse vom letzten Passahfest noch deutlich vor Augen.

Die Folge ist das sichtbare Wirken Gottes: 3000 Menschen

Mögliche Rekonstruktion des Obersaaals

tun Buße, nehmen das Wort Gottes auf und lassen sich als öffentliches Bekenntnis taufen.

Damit ist die erste neutestamentliche Gemeinde von Gott ins Leben gerufen worden. Die Apostelgeschichte beschreibt diese erste Gemeinde mit folgenden Worten:

„Sie verharrten aber in der Lehre der Apostel und in der Gemeinschaft, im Brechen des Brotes und in den Gebeten. (...) Alle Gläubiggewordenen aber waren beisammen und hatten alles gemeinsam; und sie verkauften die Güter und die Habe und verteilten sie an alle, je nachdem einer bedürftig war. Täglich verharrten sie einmütig im Tempel und brachen zu Hause das Brot, nahmen Speise mit Frohlocken und Schlichtheit des Herzens, lobten Gott und hatten Gunst bei dem Volk. Der Herr aber tat täglich hinzu, die gerettet werden sollten.“ Apostelgeschichte 2,42-47

Was ist Gemeinde nach dem Neuen Testament?

Zunächst einmal: Sie ist etwas völlig Neues! Das, was Pfingsten in Jerusalem entsteht, ist völlig anders als alles, was vorher gewesen ist. Sowohl von der Struktur als auch vom Wesen und vom Ziel her.

Schon die Bezeichnung, wie sie im Neuen Testament von Gott benannt wird, macht etwas von ihrer Bedeutung klar. Das griechische Wort *„ecclesia"* heißt so viel wie „die Herausgerufenen". Ursprünglich waren in der damaligen Gesellschaft damit die stimmberechtigten Bürger einer Stadt gemeint. Sie wurden für Volksentscheide oder -abstimmungen aus der Bevölkerung herausgerufen. Sie kamen zusammen, um Entscheidungen zu treffen oder Regierungserklärungen zur Kenntnis zu nehmen. Dieser Begriff wird vom Geist Gottes nun für die Gemeinde gebraucht und macht klar: Die, die zur Gemeinde des lebendigen Gottes gehören, sind ebenso Herausgerufene. Also solche, die Gott durch seinen Sohn Jesus Christus aus einer verlorenen Menschheit herausgerufen und gerettet hat, um ihm zu folgen und auf sein Wort zu hören. Darum heißt es:

> *„Der Herr aber tat täglich hinzu, die gerettet werden sollten."* Apostegeschichte 2,47

Wie stellt sich Gemeinde dar?

Sie ist also nicht eine Interessengemeinschaft Gleichgesinnter, die sich nach eigenem Gutdünken trifft, sie ist kein Verein, keine „Kirche" im Sinn einer Religionsgemeinschaft, keine Freikirche im Sinn einer Organisation. Nein, sie ist weit mehr und ganz anders. Sie ist von Gott herausgerufen und zusammengestellt. Die Glaubenden haben sich nicht selbst gesucht, weil sie sich mögen, sondern der Herr Jesus hat sie errettet und sie „erkauft durch sein Blut". Sie wissen, dass ihre Sünden vergeben sind durch sein Sterben auf Golgatha. Von daher ist die Gemeinde nicht eine menschliche Organisation, sondern ein Organismus, der mit dem Herrn Jesus fest verbunden ist.

Wem gehört die Gemeinde?

Häufig sagen wir im allgemeinen Sprachgebrauch: „Ich gehe in *meine*, in *unsere* Gemeinde." Natürlich wissen wir, was wir damit meinen. Aber streng genommen ist es ja nicht meine, nicht unsere Gemeinde. Sie gehört allein Gott, sie gehört unserem Herrn Jesus Christus:

> *„Er hat sie erworben durch das Blut seines eigenen Sohnes."* Apostelgeschichte 20,28

Sie gehört rechtmäßig ihm. Er ist nicht nur der Besitzer, sondern auch der Herr seiner Gemeinde, sozusagen der „Hausherr". Das heißt, er hat in ihr das Sagen und wir haben uns bei allem zu fragen, wie er darüber denkt, was sein Wort dazu sagt.

Wie wird die Gemeinde sichtbar?

Ist eine Gemeinde an ihrem Türschild zu erkennen, an ihrem Logo, ihrem Signet? Nein, auf die Türe kann man viel schreiben. Dadurch wird eine Gemeinschaft, ein Kreis von Christen noch nicht zur neutestamentlichen Gemeinde. Vor einigen Jahren sah ich an einem Haus in Wuppertal folgendes Schild: „Urgemeinde Christi, gegr. 33 n. Chr." Ein hoher Anspruch, ein hoher Name, nicht wahr? Nun, dieser Kreis hat nicht lange bestanden. Nein, erkennbar wird eine Gemeinde nicht an ihrem Namen, sondern an ihren Zusammenkünften.

Die vier Säulen des Zusammenkommens der Gemeinde ...

Ich möchte einen Vergleich wagen. In unserem Land gehören zum Bundestag die gewählten Bundestagsabgeordneten. Nun, sie sind Bundestagsabgeordnete, auch wenn sie zu Hause sind oder im Urlaub. Auch das Reichstagsgebäude ist nicht der Bundestag. Ebenso sind die vielfach gegründeten Ausschüsse nicht der Bundestag. Sichtbar und verstehbar wird dieser nur, wenn die Bundestagsabgeordneten sich zu ihren offiziellen Sitzungen als Bundestag zusammenfinden. Genauso ist es mit der Gemeinde des lebendigen Gottes. Nicht das Gebäude macht die Gemeinde aus, nicht die einzelnen Gemeindeglieder in ihrem Alltag, nicht einzelne Interessenkreise. Sichtbar wird Gemeinde in ihren Zusammenkünften. Diese werden uns in der Apostelgeschichte schlicht so definiert:

> *„Sie verharrten aber in der Lehre der Apostel und in der Gemeinschaft, im Brechen des Brotes und in den Gebeten."*
> Apostelgeschichte 2,42

... hier wird Gemeinde sichtbar

Wenn wir als Gemeinde zusammenkommen, müssen wir bestrebt sein, uns so zu versammeln, wie der Herr seiner Gemeinde es wünscht. Natürlich hat er uns in manchen äußeren Dingen viel Freiheit gelassen und nicht alles gesetzlich reglementiert. Kein Katechismus, keine Ausführungsbestimmungen, keine gut gemeinten Traditionen, sondern der Inhalt der Zusammenkünfte ist das Wesentliche, wenn wir uns zu ihm hin versammeln. Paulus formuliert es im Brief an Timotheus so:

„Dies schreibe ich dir in der Hoffnung, bald zu dir zu kommen; wenn ich aber zögere, damit du weißt, wie man sich verhalten soll im Hause Gottes, das die Gemeinde des lebendigen Gottes ist.“ 1. Timotheus 3,15

Immer geht es zunächst um ihn, unseren Herrn. Er ist immer der Mittelpunkt. Zu ihm hin versammeln wir uns, er ist der Grund und das Ziel aller Anbetung, aller Belehrung, alles Lobes und alles Gedenkens.

Zu den vier „Säulen" des Zusammenkommens, wie sie uns in Apostelgeschichte 2,42 genannt sind, finden wir nähere Erklärungen in folgenden Abschnitten:
- die Lehre der Apostel (Lukas 24,27),
- die Gemeinschaft (1. Johannes 1,3-7),
- das Brotbrechen (1. Korinther 11,23 ...),
- die Gebete (Apostelgeschichte 12,5).

Im nächsten Kapitel gehe ich auf diese Zusammenkünfte näher ein. Sie sind kennzeichnend für die neutestamentliche Gemeinde in Jerusalem damals - und für uns heute.

Hier darf ich zu Hause sein

Hier, wo der Herr Jesus verheißen hat, inmitten seiner Gemeinde zu sein (Matthäus 18,20; 1. Korinther 14,25), hier, wo er zu Hause ist, darf auch ich zu Hause sein! Hier darf ich zur Ruhe kommen und auftanken. Nicht wahr, das ist mehr, als einen Gottesdienst zu konsultieren oder in einer Gemeinde die Stunden zu besuchen. Gemeinde darf das Zuhause des Christen sein. Auf meinen Reisen durch die Slowakei hat mich vor der Wende in einer Gemeinde sehr beeindruckt, wie das bei den Gläubigen dort sichtbar wurde. Ihre Wohnungen waren karg und dürftig eingerichtet. Nur das Nötigste war da. Aber ihr Gemeinderaum strahlte eine Wärme aus, und man spürte es den Christen ab: Hier war ihr Zuhause. Ob uns noch einmal neu bewusst werden könnte, dass unser Herr sich das wünscht: Dass wir bei ihm zu Hause sind, dass wir da zu finden sind, wo er verheißen hat zu sein? Ich bin überzeugt: Wenn uns die Gemeinde des lebendigen Gottes wieder ein echtes Herzensanliegen wird, wenn wir sie wieder lieben, weil sie die Geliebte des Herrn ist, dann werden unsere Zusammenkünfte neu davon geprägt.

Manfred Siebald singt in einem Lied:
*„In deinem Haus bin ich gern, Vater, wo du mein Denken füllst,
da kann ich dich hören, Vater, sehn, was du willst.
In deinem Haus will ich bleiben, Vater, du weist mich nicht hinaus,
und nichts soll mich vertreiben, Vater, aus deinem Haus.*

*In deinem Haus hör ich gern, Vater, was du zu sagen hast.
Auch das will ich hören, Vater, was mir nicht passt.
In deinem Haus will ich bleiben, Vater, füll du mich völlig aus,
dann kann mich nichts vertreiben, Vater, aus deinem Haus.*

*Mein ganzes Leben soll dein Haus sein, Vater, dein Haus, das du für
dich nach deinen Plänen baust, mein Vater, und nicht für mich.
In diesem Haus sollst du bleiben, Vater, füll du es völlig aus,
und nichts soll dich vertreiben, Vater, aus diesem Haus."*

Wie kam die Gemeinde in Jerusalem zusammen?

Viele Christen möchten zu den urchristlichen Zuständen der Gemeinde zurück. Sie wünschen sich die „Ur-Gemeinde". Hat es die so gegeben? Gibt es Anweisungen und Anordnungen, die wir zeitlos für uns anwenden könnten? In den ersten Kapiteln der Apostelgeschichte wird einiges über diese junge Gemeinde berichtet.

Stellen wir uns die außergewöhnliche Situation vor: 3000 Menschen kamen Pfingsten zum lebendigen Glauben und lassen sich taufen als öffentliches Zeichen ihre Umkehr und Buße. Dann wuchs die Gemeinde in kurzer Zeit auf 5000, und täglich kamen weitere hinzu! Solch eine Gemeinde bleibt nicht unbemerkt! Zumal sie kein Gottesdienstgebäude, keine Kirche, kein Gemeindehaus hatte. Wie kamen sie zusammen? Lukas berichtet,

> *„und sie hörten nicht auf, jeden Tag im Tempel und in den Häusern zu lehren und Jesus als den Christus zu verkündigen."*
> Apostelgeschichte 5,42

Das heißt also, dass sie sowohl im Tempelvorhof in den Säulenhallen Salomos zusammenkamen (hier waren auch viele ungläubige Zuhörer anwesend, Apostelgeschichte 5,12) als auch stadtteilbezogen sich hin und her in Hauskreisen trafen. Und doch verstanden sie sich als *eine* Gemeinde!

Sicherlich ist vor allen Dingen die anfängliche **Einmütigkeit** der Glaubenden beeindruckend (Apostelgeschichte 4,32). Wie sehr wünschten wir uns diese für unsere heutigen Gemeinden! Wodurch kam diese Einmütigkeit bei ihnen zustande? Ich denke, dass wir folgende Kennzeichen finden:

1. **Sie waren eine betende Gemeinde.** Wie oft lesen wir von ihrem anhaltenden Gebet! Ein alter Bruder sagte einmal: „Gemeindearbeit ist Kniearbeit!" Hier in Jerusalem wird das sichtbar. Denken wir an ihr Beten in Kapitel 4,32: *„Und als sie gebetet hatten, bewegte sich die Stätte."* Oder in Kapitel 12: Sie trafen sich in den Häusern und beteten die Nacht durch. Ob wir das neu lernen könnten? Sind nicht unsere Gebetsstunden die Stunden, die am schlechtesten besucht werden? Verwundert uns da unsere Kraftlosigkeit und unsere Uneinheit?
2. **Sie waren eine missionarische Gemeinde.** Sie versammelten sich nicht in einem Hinterhof, sondern in der Öffentlichkeit. Wir Christen scheuen heute häufig die Öffentlichkeit und ziehen uns in unsere „frommen vier Wände" zurück. Hier gedeiht eher Unfriede als vor den Augen und Ohren der Ungläubigen.
3. **Sie waren eine diakonische Gemeinde.** Die Not der anderen bewegte ihr Herz und damit auch ihre sozialen Hilfe-

Blick auf den Tempel mit seinem großen Vorhof und den ihn umgebenden Säulenhallen Salomos als Versammlungsort der ersten Christen

leistungen. Sicherlich war die Situation der ersten Gemeinde in Jerusalem einmalig und einzigartig. Denken wir an die so genannte Gütergemeinschaft, die uns in Kapitel 2 und Kapitel 4 beschrieben wird. Sie war kein Gebot, sie war aber geboren aus dem Blick der Gläubigen für die Not der anderen. Viele Geschwister der jungen Gemeinde waren notleidend. So wurde auf freiwilliger Basis geholfen. Ihr Geben war nicht die Folge einer Anordnung oder eines apostolischen Aufrufs, sondern das Ergebnis ihres Glaubens. **Eine gesunde Gemeinde wird immer auch eine diakonisch-sozial aktive Gemeinde sein!** Die Not der Menschen macht das gläubige Herz innerlich bewegt und wird Wege suchen, um helfen zu können. Wie viele soziale und diakonische Werke der Barmherzigkeit sind immer wieder gerade in Zeiten der Erweckung entstanden! Stell dir vor, du singst das Lied „Nimm mein Gold und Silber hin, lehr mich tun nach deinem Sinn ..." und der Herr Jesus nimmt dich beim Wort ...?

4. **Sie waren eine Gemeinde der Verkündigung**. Wie mutig war ihr Zeugnis und ihre schriftgebundene Verkündigung des Wortes Gottes! Unsere Predigten sind dagegen häufig problemorientiert und themenbezogen; ihre Predigten waren auf Christus, den Herrn, bezogen. Bei ihnen stand der Herr Jesus im Mittelpunkt der Verkündigung, bei uns steht der Mensch im Mittelpunkt. Paulus sagt in 2. Korinther 3,18, dass wir durch das Anschauen der Herrlichkeit des Herrn verwandelt werden in sein Bild.
5. **Sie waren eine Gemeinde der Zucht**. Der Geist Gottes konnte Heuchelei und Unlauterkeit offenbar machen. Denken wir an die schockierenden Ereignisse in Apostelgeschichte 5,1-11. Heilsames Erschrecken erlebte die junge Gemeinde. Wo finden wir das heute noch? Wo ist uns noch bewusst, dass wir ein Leben in Heiligung, ein sauberes Leben im Denken und Tun führen sollen?! Wir reden von der Gegenwart Gottes, wir singen Lieder der Hingabe. Wo aber wird das Realität in unserem Alltag? Auch in dem Alltag unserer Gemeinde?
6. **Sie waren eine geführte Gemeinde**. Sie hatten die ihnen von Gott gegebenen Autoritäten, die Apostel und Ältesten, erkannt und anerkannt. Und auch die Frage der Diener (Diakone) hatten sie unter der Leitung des Heiligen Geistes gelöst (Apostelgeschichte 6). Ihnen gehorchten sie und wurden durch diese geführt. Oft wollen wir heute nur die Autoritäten anerkennen, die das sagen und tun, was wir wollen und deshalb als solche gewählt haben. Wir hassen heute Aufsicht, fühlen uns kontrolliert und reglementiert und verlassen damit die biblischen Grundsätze der Gemeinde. Diese Grundsätze sind nicht demokratisch von der Basis her gesteuert, sondern können nur „funktionieren“, wenn sie durch den Heiligen Geist geführt sind.

7. **Sie waren eine Gemeinde der Naherwartung**. Sie waren davon überzeugt, dass der Herr Jesus jeden Tag wiederkommen würde. Ein Leben in der Erwartung des unmittelbaren Kommens des Herrn hat Auswirkung auf unser Leben. Es stellt uns in die Verantwortung, ein echtes, transparentes und sauberes Leben zu führen.

Natürlich war auch die erste Gemeinde in Jerusalem nicht die ideale Gemeinde, wie wir sie uns wünschen. Sie ist nicht in allen Punkten die „Ur-Gemeinde", die es nachzueifern gilt. Gottes Wort übergeht nicht die Mängel und Fehler in ihr. Auch war sie noch durch das Judentum stark geprägt, da sie nur aus Juden-Christen bestand, die wie die heutigen messianischen Juden weiterhin im jüdischen Kultus verhaftet sind. Und doch - so denke ich - können wir eine Menge von Grundsätzen von ihr lernen und sollten uns in unserem heutigen Gemeindeverständnis durch sie hinterfragen lassen.

Fragen zum Nachdenken:

- Warum entstand gerade in Jerusalem die erste Gemeinde?
- Durch welche Zusammenkünfte wird Gemeinde sichtbar?

4.
Die Gemeindestunden bringen mir nichts!
Noch einmal in der Gemeinde in Jerusalem

„Sie verharrten aber in der Lehre der Apostel und in der Gemeinschaft, im Brechen des Brotes und ***in den Gebeten****."*
Apostelgeschichte 2,42

Vor einigen Jahren bekam ich Besuch. Liebe Geschwister aus Rumänien waren da. Da ich damals Hausmeister in der Gemeinde war, zeigte ich ihnen bei einem Gang durchs Haus alle Räumlichkeiten. „Und hier", sagte ich, „kommen wir in der Woche zum Gebet zusammen", und öffnete die Türe zu unserem kleinen Saal. „Wieso?" Ich schaute in erstaunte Gesichter. „Weshalb kommt ihr nicht im großen Saal wie sonntags zusammen?"

Schlagartig wurde mir bewusst, dass ich mich eigentlich schon ganz selbstverständlich daran gewöhnt hatte, dass wir uns in der Woche nur „im kleinen Kreis" versammelten. Hat das noch etwas mit Apostelgeschichte 2,42 zu tun, wo von der jungen Gemeinde in Jerusalem gesagt wird, dass sie *„im Gebet verharrten"*? Für sie waren also die Zusammenkünfte zum Gebet keineswegs weniger wichtig als zum Beispiel das Brotbrechen oder die Wortverkündigung. Wo mögen die Gründe liegen, dass in vielen Gemeinden eine gewisse Wertigkeit in Bezug auf die verschiedenen Stunden eingetreten sind? Wenn ich dagegen von gemeinden in Japan, in Russland oder auch von solchen Gemeinden höre, die erst seit kurzem zusammenkommen, ist es dort

Sie verharrten in den Gebeten

nicht so, dass die Gebetsstunden schwächer besucht werden. Woher kommt das?

Was veranlasst viele Geschwister, auf den Segen der Gebetsstunde zu verzichten?

Leute, die viel schaffen und wenig beten, fürchtet der Teufel nicht. Das ist der Grund, weshalb bei so viel christlicher Arbeit so wenig herauskommt.
Elias Schrenk 1831-1913

Wir brauchen uns nicht zu wundern, wenn unser persönliches Leben der Nachfolge sowie das zeugnishafte Leben als Gemeinschaft so sehr zu wünschen übrig lässt und viele unserer Gemeinden nicht mehr wachsen. Schauen wir in unsere Gebetsstunden - sie sind ein Spiegel des geistlichen Zustands unserer Gemeinden. So wie man das persönliche Gebet als das Atmen der Seele bezeichnen kann, so ist das Zusammenkommen zum Gebet in der Gemeinde in gewissem Maß ein Gradmesser für das geistliche und missionarische Leben der Gemeinde. In der ersten Gemeinde war es ebenso selbstverständlich, die Gebetsstunden zu besuchen wie die übrigen Zusammenkünfte. Und nicht aus einer Pflichterfüllung oder einem schlechten Gewissen heraus, sondern zwangsläufig aus der biblisch verstandenen Notwendigkeit. Ob wir wieder ganz neu die Bedeutung der „Not wendenden" Wichtigkeit und auch den Segen der Gebetsstunde erkennen können?

„Die Gebetsstunde bringt mir nichts!"

Empört wirst du vielleicht über diese Aussage einer jungen Schwester die Nase rümpfen: Wie kann man nur so etwas sagen?! Aber leider kommt diese Aussage - wenn auch nicht so dreist ausgesprochen - doch offenbar der Realität sehr nahe. Wie anders ist die Tatsache des mangelnden Besuchs sonst zu erklären? Wir fragen immer nach dem Nutzen, den uns eine Sache bringt. Und diese genussorientierte Weltauffassung macht auch vor den Gemeindetüren nicht halt. Wir müssen uns deshalb ganz bewusst diesen Fragen stellen.

Was können die Hinderungsgründe sein, die Gebetsstunden zu besuchen?

Nun, zum einen werden oftmals Argumente genannt, die in der Art des Zusammenkommens liegen. Wir sollten sie ernst nehmen, auch wenn wir zunächst meinen, sie seien nicht stichhaltig, sondern vorgeschoben. Zum anderen liegen auch Hinderungsgründe im ganz persönlichen Bereich der einzelnen Geschwister. Versuchen wir einmal, sie uns bewusst zu machen:

- Da könnte es sein, dass **Mutlosigkeit** und Lauheit im Glaubensleben vorliegt. **Enttäuschung** über das Verhalten anderer Geschwister oder auch über **eigenes Versagen** lähmt die Freude des Zusammenkommens. Dabei liegt gerade im Gebet die entscheidende Hilfe zur Überwindung.
- Ebenso ist Traurigkeit eine starke Bremse, zum Gebet zusammenzukommen. Doch unser Herr macht uns Mut, gegenseitig Anteil zu nehmen an Trauer und Leid. Wir dürfen sie ihm ja im Gebet gemeinsam bringen.
- **Unbereinigte Sünden**, Streit oder Uneinigkeit zwischen Geschwistern und auch im ehelichen Miteinander sind nach den Aussagen der Bibel Hinderungsgründe für das Gebet (1. Korinther 7,2; 1. Petrus 3,7).
- Manch einer mag sagen, er habe **zu viel zu tun**, so dass er die Gebetsstunden nicht besuchen könne. Das kann nicht

stimmen, denn wenn unser Herr es wünscht, dass wir das Zusammenkommen nicht versäumen sollen (Hebräer 10,25), so ist es der Herr, der gesagt hat: *„Deine Zeit steht in meinen Händen!"* Er ist der Herr, der die Zeit gemacht hat. Es kann nicht an der mangelnden Zeit, sondern nur an unserer falschen Zeiteinteilung liegen. Wir dürfen es ausprobieren: Gott lässt sich nichts schenken, er gibt überreich zurück! Es ist nie verlorene Zeit, die wir auf den Knien vor unserem Herrn zubringen!

Ich habe heute so viel zu tun, dass ich unbedingt erst einmal drei Stunden beten muss.
Martin Luther

- Ja selbst in der Arbeit für den Herrn kann es solche geben, die meinen, sie hätten **keine Zeit** für die Gebetsstunde, und entschuldigen dies damit, dass sie ja anderweitig für den Herrn tätig seien. Denken wir an eine Martha in Lukas 10,41. Ihr musste der Herr Jesus sagen: *„Du bist besorgt und beunruhigt um viele Dinge* (und das waren wirklich keine schlechten Dinge), *eines aber ist not, Maria hat das gute Teil erwählt ..."* Sie saß zu seinen Füßen und hatte Gemeinschaft mit ihrem Herrn.
- Bei manch einem aber hat man eher den Eindruck, er habe **zu wenig zu tun**. Wenn wir für unseren Herrn tätig sind, werden wir mehr und mehr erkennen, dass wir seine Hilfe für unseren Dienst dringend nötig haben. Die Not um die Menschen in unserer Umgebung wird uns ins Gebet treiben, die Not um die Erziehung unserer Kinder, die Errettung unserer Verwandten und Bekannten.
- Vielleicht aber hindert uns auch ein gewisser **Mangel an Ordnung** einfach am Besuch der Gebetsstunde. „Ich bin abends einfach zu **müde**." Natürlich kann Müdigkeit auch Ursachen in bestimmten Krankheitsbildern haben, aber vielfach ist es eine Folge falscher Zeiteinteilung in unserem

Leben. Wenn wir schon morgens zu spät aufstehen und so durch den Tag hetzen müssen, um alles erledigt zu bekommen, was wir meinen, uns vornehmen zu müssen, brauchen wir uns nicht wundern, dass unsere Augenlider zuklappen, sobald wir auf dem Gemeindestuhl zur Ruhe kommen. Ist es ketzerisch zu sagen: Besser in der Gemeindestunde einmal einnicken, als zu Hause zu schlafen!? Ein Eutychus in Apostelgeschichte 20,9 fiel sogar aus dem Fenster - und wurde nicht getadelt! Immerhin hatte er bereits einen anstrengenden Arbeitstag hinter sich (der Sonntag war noch kein Feiertag) und die Gemeindestunde dauerte sehr viel länger als wir uns je zumuten würden.

Gebetsstunden-Gewohnheiten

Aber auch die Gewohnheiten in unseren Gebetsstunden sollten wir einmal neu überdenken:

- Ist es nötig, dass **nur wenige Brüder** in den Stunden beten? Beten ist nicht eine besondere Gnadengabe, die nur einige Brüder hätten, sondern ein ganz bewusstes Reden mit unserem Herrn. Natürlich muss uns dabei klar sein, dass wir es mit einem heiligen, aber auch wunderbaren Herrn zu tun haben, und dass wir Gebete aussprechen, zu denen alle Geschwister ihr „Amen" sagen können.
- Auch sollten unsere Gebete **kurz** und keine Predigten oder Wortauslegungen sein. Wie oft werden Gebete missbraucht, um anderen den Kopf zu waschen oder um zu zeigen, wie gut man in der Bibel Bescheid weiß.
- Wir machen oft **viele Worte** und umschweifende Einleitungen, bis wir zu einer direkten Bitte kommen. Dagegen kommt unser Dank in den meisten Fällen zu kurz (vgl. das Buch „Lehre uns beten, Herr").

Wie bekommen wir wieder Freude an den Zusammenkünften?

Gebete werden nach dem Gewicht und nicht nach der Länge gemessen.
Spurgeon

Das Abstellen von Mängeln ist nur die eine Seite. Viel wichtiger ist aber die Beschäftigung mit dem Vorrecht, überhaupt beten zu dürfen und zu können. Wir haben einen wunderbaren Herrn, der auf unsere Gebete wartet und sich darüber überaus freut. In Offenbarung 5,8 wird etwas davon deutlich, dass die Gebete der Gläubigen für Gott ein Wohlgeruch sind! Könnte es uns wieder ein sehnsuchtsvolles Anliegen werden, vor unserem Herrn auf den Knien zu liegen, um ihm unseren Dank, unsere Bitten und unsere Anbetung zu bringen? Wir würden merken, wie sehr unser Leben - das persönliche und auch das in der Gemeinde - neu belebt wird. Es ist ein ganz besonderer Segen, in der Gegenwart unseres Herrn zu sein (vgl. Mose auf dem Berg, 2. Mose 34,30).

Zu beten gibt es mehr als genug, fangen wir an ...

Oft hat man den Eindruck, dass viele Geschwister unvorbereitet zur Gebetsstunde kommen. Und dann ist man zusammen, und es fallen einem keine Gebetsanliegen ein. Nach der Stunde aber denkt man: Dafür hätte noch gebetet werden sollen, und dafür und dafür ...

Vielleicht ist es nützlich, dass jeder für sich zu Hause im Laufe der Woche notiert, wofür wir gemeinsam beten sollten und müssten. Wir würden staunen, für wie viel wir zu danken, zu beten und zu flehen hätten! Und vielleicht würden unsere Gebetsstunden im Laufe der Zeit zu kurz sein, um alles beten zu können, was anliegt!

„Die Predigten sind mir so leer!“

„Sie verharrten aber ***in der Lehre der Apostel*** *und in der Gemeinschaft, im Brechen des Brotes und in den Gebeten.“*
Apostelgeschichte 2,42

„Warum immer diese Lehrpredigten und warum so wenig Praxis? Ich brauch etwas für die Woche, für den Alltag,“ - Marco ereifert sich richtig. „Mir ist doch egal, wann die babylonische Gefangenschaft war und ob Daniel im Alten oder Neuen Testament gelebt hat. Was hat das damit zu tun, dass ich morgen in der Schule 'ne Prüfung hab und total in den Seilen häng!?“

„Naja“, gibt Heike zu bedenken, „mich würd' das schon interessieren, wie das in der Bibel alles zu verstehen ist. Wenn ich meine Bibel lese, versteh ich meist nur Bahnhof.“

„Kann nicht mal jemand ganz aktuelle Dinge in den biblischen Bezug bringen?“, fragt Jens. „An jedem Tag steht was über Israel in der Zeitung, die Menschen haben Angst vor Terror und vor der Zukunft. Und was sagt die Bibel dazu?“

Sie verharrten in der Lehre der Apostel

Wir saßen im Jugendkreis zusammen und waren irgendwie auf die Predigten und die Bibelstunden in der Gemeinde gekommen.

Was ist „Lehre der Apostel“? Nun, die Bibel sagt uns nicht, worüber und wie wir zu predigen haben, aber wir können doch aus den Predigten der Bibel und aus den Briefen (= geschriebene Predigten) vieles darüber erfahren. Wie mutig war das Zeugnis der ersten Gemeinde und ihre schriftgebundene Verkündigung des Wortes Gottes! Wenn wir die Predigten des Apostels Petrus im Anfang der Apostelgeschichte lesen, fällt uns sicherlich auf, wie viele Bibelzitate er dabei gebrauchte und wie direkt er die Zuhörer ansprach. Er sprach direkt in die Gegenwart der Hörer und konfrontierte sie mit der Realität des Herrn Jesus. Er machte unmissvertsändlich klar, dass dieser Jesus, den sie gekreuzigt hatten, eine Entscheidung von ihnen verlangte.

Unsere Predigten sind dagegen häufig problemorientiert und themenbezogen; ihre Predigten waren auf Christus, den Herrn, bezogen. Bei ihnen stand der Herr Jesus im Mittelpunkt der Verkündigung, bei uns steht häufig der Mensch im Mittelpunkt.

Jede Verkündigung hat zwei Seiten

Auf der einen Seite sind die Bedürfnisse der Zuhörer, und die sind sicherlich sehr, sehr unterschiedlich, wie die kurzen Bemerkungen aus dem Jugendkreis oben deutlich machen. Jeder hat einen anderen Hintergrund, jeder hat andere momentane Interessen, hat andere Ziele in seinem Leben. Wollten wir als Verkündiger dem allen gerecht werden, müssten wir verzweifeln. Doch zunächst einmal gilt jedem Hörenden die grundlegende Aussage des Herrn Jesus:

„Seht nun zu, wie ihr hört." Lukas 8,18

Und damit bin ich gefragt, ob ich auch wirklich bereit bin, das Gesprochene des Verkündigers als von Gott für mich gegebenes Wort aufzunehmen. Wie häufig sehe ich mehr den Predigenden als das gepredigte Wort! Zum anderen ist es gerade in der heutigen Zeit die Frage, ob ich überhaupt noch zuhören kann. Die Vielfalt der Informationen, die auf mich tagtäglich einstürmen, macht mein Inneres taub für die Worte, die Gott zu mir reden will. Ich brauche also neu die bewusste Konzentration auf das Reden Gottes zu mir. Der Herr Jesus sagt: *„Wer Ohren hat zu hören, der höre!"*

Matthäus 11,15

Die andere Seite der Verkündigung ist die Seite des Redenden. Und hier muss ich mir der Verantwortung bewusst sein, die ich zum einen vor den Hörenden habe, die ich aber auch andererseits vor Gott und seinem Wort habe. Wenn wir die Briefe des Neuen Testaments lesen und die Berichte der Apostelgeschichte, wird klar, dass z. B. Paulus sich sehr wohl jeweils auf die Zuhörer eingestellt hat. (Er sprach zu Juden anders als zu Heiden.) Aber er achtete auch genau darauf, dass eine systematische Belehrung stattfand (vgl. Antiochia und Ephesus), damit Fundamente des Glaubens gelegt und die Gläubigen im Wort Gottes fest gewurzelt wurden. Auffallend ist dabei, dass er nie „trockene" Lehre vermittelte, sondern sie stets in den Bezug zu aktuellen Fragen der Zuhörer behandelte. In den folgenden Kapiteln der Besuche in unterschiedlichen Gemeinden des Neuen Testaments werden wir dieses Vorgehen des Apostels sicher noch näher verfolgen können. Ich denke, dass wir hier in der Verkündigung neu gefordert sind und uns viel Weisheit von Gott schenken lassen müssen, um die „Lehre der Apostel" nicht nur in die Köpfe und Ohren der Zuhörer, sondern in ihre Herzen pflanzen zu können.

Gemeinschaft oder Geselligkeit?

„Sie verharrten aber in der Lehre der Apostel und ***in der Gemeinschaft****, im Brechen des Brotes und in den Gebeten.“*
Apostelgeschichte 2,42

„Wenn wir jeden Sonntag zu den Stunden Kaffee und Kuchen oder gar ein Mittagessen anbieten würden, kämen alle Geschwister“, stöhnte ein Gemeindehausmeister. „Aber ich hab die Arbeit davon. Kaum jemand hilft vorher und hinterher. Wir sind eine richtige Konsumgemeinde geworden.“ Und seine Frau ergänzte: „Dabei werden die Predigten immer kürzer und der Kaffeeklatsch immer länger ...“

„Wir hatten ein paar echt tolle Tage: Viel action, super Stimmung und ‘ne prima Gemeinschaft!“, berichtete ein Teeny begeistert von der letzten Gemeinde-Freizeit. -

Was ist Gemeinschaft? Ich fürchte, dass wir heute Gemeinschaft eher mit Geselligkeit verwechselt haben. Was in Apostelgeschichte 2,42 mit Gemeinschaft bezeichnet wird, war bei den ersten Christen sicherlich nicht ein gemütliches Zusammensein bei Kaffee und Kuchen, Tee und Snacks.

Sie verharrten in der Gemeinschaft

Gemeinschaft kennzeichnet in der Bibel weit mehr als ein oberflächlicher „Small-Talk“ im Foyer des Gemeindehauses. Johannes beschreibt in seinem ersten Brief etwas von biblischer Gemeinschaft. Voraussetzung für wirkliche

Gemeinschaft untereinander ist die innige Gemeinschaft mit Gott:

> *„Was wir gesehen und gehört haben, verkündigen wir euch, damit auch ihr mit uns Gemeinschaft habt; und zwar ist unsere Gemeinschaft mit dem Vater und mit seinem Sohn Jesus Christus. Und dies schreiben wir euch, damit eure Freude vollkommen sei."*
>
> *„Wenn wir sagen, dass wir Gemeinschaft mit ihm haben, und wandeln in der Finsternis, lügen wir und tun nicht die Wahrheit. Wenn wir aber im Licht wandeln, wie er im Licht ist, haben wir Gemeinschaft miteinander, und das Blut Jesu, seines Sohnes, reinigt uns von aller Sünde."*
>
> 1. Johannnes 1,3-4.6-7

Das heißt: Wenn meine Gemeinschaft mit Gott in Ordnung ist, und wenn deine Gemeinschaft mit Gott in Ordnung ist, dann - und auch nur dann - ist unsere Gemeinschaft untereinander und miteinander in Ordnung! Aus diesen Versen geht hervor, dass die Voraussetzung für echte Gemeinschaft ein offenes, transparentes und sauberes Leben auf beiden Seiten ist. Sünde oder Heuchelei in meinem Leben verhindert die Gemeinschaft sowohl mit Gott als auch mit den Geschwistern in der Gemeinde.

In der Gemeinde in Jerusalem wird sofort klar, was die Folge der echten Gemeinschaft untereinander war:

> *„Sie verharrten aber in der Lehre der Apostel und in der* **Gemeinschaft***, im Brechen des Brotes und in den Gebeten. (...) Alle Gläubiggewordenen aber* **waren beisammen** *und* **hatten alles gemeinsam***; und sie verkauften die Güter und die Habe und verteilten sie an alle, je nachdem einer bedürftig war."*
>
> Apostelgeschichte 2,42-43.

„Huch!“, wirst du sagen. „Diese Gemeinschaft geht mir aber zu weit! Beim Portemonnaie und bei der Wohnung hört die Gemeinsamkeit für mich auf!“ Merken wir, dass Gott mehr als lockere Geselligkeit meinte, und dass die Christen in Jerusalem das sehr wohl verstanden hatten. Paulus sagt es später einmal den Thessalonichern:

> *„Ich habe euch nicht nur das Evangelium Gottes, sondern auch mein eigenes Leben mitgeteilt.“* 1. Thessalonicher 2,8

Und den Mazedoniern kann er bescheinigen:

> *„Sie gaben sich selbst zuerst dem Herrn und uns durch Gottes Willen.“* 2. Korinther 8,5

Was bringt mir die Stunde des Brotbrechens?

> *„Sie verharrten aber in der Lehre der Apostel und in der Gemeinschaft,* ***im Brechen des Brotes*** *und in den Gebeten.“* Apostelgeschichte 2,42

Sie verharrten im Brechen des Brotes

Da ich in viele Gemeinden komme, stelle ich zunehmend besonders bei etablierten Gemeinden einen Trend fest, der mir zu denken gibt. In den meisten Gemeinden finden am Sonntagmorgen zwei Zusammenkünfte hintereinander statt. Häufig ist die so genannte erste Stunde die Stunde, in der die Geschwister zum Abendmahl zusammenkommen, von vielen auch „Anbetungsstunde“ genannt. In der zweiten Stunde folgt die Predigt oder Wortverkündigung. So weit, so gut. Wenn ich nun in einer Gemeinde zur Verkündigung eingeladen bin, bin ich gerne bereits in der ersten Stunde dabei, weil ich der Überzeugung bin, dass man hier die Gemeinde am besten kennen lernen kann. Leider stelle ich mehr und mehr fest, dass zu dieser Stunde zum Brotbrechen nur ein kleiner Teil der Geschwister (meist die älteren) anwesend ist. Zur zweiten Stunde füllt sich dann der Saal. Offensichtlich ist diese Stunde zum Mahl des Herrn nur noch bei wenigen Geschwistern von Wichtigkeit. Von den ersten Gläubigen haben wir gelesen: *„Sie verharrten im Brechen des Brotes.“* Es war ihnen offenbar sogar so wichtig, dass sie es im Anfang sogar täglich taten (Apostelgeschichte 2,46)!

Ich wünschte, ich könnte mit den folgenden Gedanken ein wenig neu „Appetit“ gerade auf dieses Zusammenkommen machen.

Was bedeutet das Mahl des Herrn und warum feiern wir es?

Ich bin jetzt seit 50 Jahren ein Eigentum des Herrn und darf seit über 40 Jahren sonntäglich am Mahl des Herrn teilnehmen. Das bedeutet, ich habe bisher über 2.000-mal dieses Mahl gefeiert! Niemals - so darf ich voll Dankbarkeit sagen - ist es mir zu einer Gewohnheit oder gar zu einer Pflicht geworden. Stets habe ich es als ein unverdientes Vorrecht angesehen, in dieser Weise dem Wunsch meines Herrn zu entsprechen, ihm zu danken, ihn zu loben und ihn anzubeten für das, was er für mich auf Golgatha getan hat!

Als der Herr Jesus damals zum ersten Mal mit seinen Jüngern dieses Mahl feiern wollte, sagte er ihnen, dass er Sehnsucht danach gehabt habe (Lukas 22,15). Er wollte sie teilhaben lassen an dem, was ihm in seinem Herzen so wichtig war. Es war der letzte Abend vor seinem Sterben und er wollte ihnen etwas mitgeben, damit sie das, was er tun würde, nie vergessen sollten. Er gibt ihnen etwas Sichtbares, Zeichenhaftes, das dabei von einer Schlichtheit und Einfachheit ist, dass es jeder erfassen konnte.

Es ist ein Erinnerungs- oder Gedächtnismahl.

„Tut dies zu meinem Gedächtnis!" sagte er ihnen damals (Matthäus 26,26-27; Lukas 22,19; 1. Korinther 11,24). Mit anderen Worten: „Denkt an mich." Es geht also nicht in erster Linie um mich dabei, sondern allein um ihn, meinen Herrn. Wir denken an ihn, an sein Werk auf Golgatha, an sein Leiden, seine Erniedrigung, aber auch an seine Auferstehung und an sein Wiederkommen. Wir denken an seine Person, an sein Wesen, seine Liebe, seine Hingabe, seine Treue, seinen Gehorsam, aber auch an seine Größe und Macht.

Es ist ein Gemeinschaftsmahl.

Paulus nimmt im 1. Korintherbrief darauf Bezug:

> *„Der Kelch der Segnung, den wir segnen, ist er nicht die Gemeinschaft des Blutes des Christus? Das Brot, das wir brechen, ist es nicht die Gemeinschaft des Leibes des Christus? Denn ein Brot, ein Leib sind wir, die vielen, denn wir alle nehmen teil an dem einen Brote."* 1. Korinther 10,16-17

Damit sagt er, dass ein gemeinsames Mahl Ausdruck der Gemeinschaft ist. Der Ausdruck *„Tisch des Herrn"*, der auf den alttestamentlichen Altar Bezug nimmt (1. Korinther 10,21; Maleachi 1,7.12), unterstreicht den Gedanken der Tischgemeinschaft. Diese Gemeinschaft haben wir mit unserem Herrn, denn er lädt uns zu seinem Mahl, als auch mit den anderen teilnehmenden Geschwistern. Natürlich beschränkt sich die Gemeinschaft nicht nur auf das Mahl, sie wird hier aber in besonderer Weise sichtbar zum Ausdruck gebracht. Der Gedanke der Gemeinschaft macht damit auch deutlich, dass wir zum einen Verantwortung füreinander haben wie die Glieder einer Familie, und dass zum anderen das Brotbrechen nicht nur eine persönliche Sache zwischen mir und meinem Herrn ist. Es muss deshalb sowohl zwischen mir und meinem Herrn als auch zwischen uns Teilnehmenden alles geordnet sein, wenn wir am Mahl des Herrn teilnehmen.

Es ist ein Verkündigungsmahl.

Ein weiterer Gedanke des Brotbrechens ist, dass es eine *„Verkündigung des Todes des Herrn"* ist. 1. Korinther 11,26 sagt:

> *„Denn so oft ihr dieses Brot esst und den kelch trinkt,* ***verkündigt ihr den Tod des Herrn****, bis er kommt."*

Diese „Verkündigung" geschieht nicht durch das Vorlesen von Bibelversen oder durch Lieder und Gebete. Sie geschieht bereits allein durch die Handlung des Essens und Trinkens selbst. Damit proklamieren wir vor der sichtbaren und unsichtbaren Welt den Sieg unseres Herrn auf Golgatha! Welch ein wichtiger Gedanke! Das erklärt auch, weshalb der Teufel immer bestrebt sein wird, möglichst viele Gotteskinder von diesem Mahl und damit von der Proklamation seiner Niederlage abzuhalten. Wenn uns die Bedeutung dieses Aspektes wichtig wird, verstehen wir auch, warum der Herr Jesus es so sehr wünscht, dass wir es so oft wie möglich tun. Nehmen wir es uns aufs Herz, gerade diese Zusammenkunft zum Gedenken an unseren Herrn nicht zu versäumen!

Es ist ein Hoffnungsmahl.

Noch einmal möchte ich den vorigen Vers zitieren, diesmal aber mit einer anderen Betonung:

> *„Denn so oft ihr dieses Brot esst und den Kelch trinkt, verkündigt ihr den Tod des Herrn,* ***bis er kommt.****"* 1. Korinther 11,26

Hier wird uns also gesagt, dass das Mahl des Herrn, das Abendmahl oder das Brotbrechen, uns nur für eine bestimmte Zeit gegeben ist. Es erinnert uns nicht nur an das Sterben des Herrn Jesus und an sein siegreiches Auferstehen, sondern auch an sein Wiederkommen! Dieses Mahl lässt uns also nach vorne schauen. Auf die herrliche Zukunft, die uns erwartet. Er hat versprochen, dass er uns zu sich holen wird in die Herrlichkeit, dann haben wir die symbolischen Zeichen nicht mehr nötig, dann werden wir ihn sehen, wie er ist!

Freude und Betroffenheit.

„Ist die Mahlfeier eine Beerdigungsfeier oder ein Freudenfest?" Diese Frage stellte mir neulich ein Jugendlicher. Wenn man wie ich in viele Gemeinden kommt, lernt man häufig das ganze Spektrum kennen. Nun, ich denke, dass beide Seiten bei der Mahlfeier vorhanden sind. Zum einen ist da die innere Betroffenheit, wenn ich über das Leiden und Sterben meines Herrn nachdenke und wohin ihn meine Sünden gebracht haben. Zum anderen aber ist mein Herz voller Freude, dass er es getan und vollbracht hat, denn nur deshalb kann ich heute in Dank und Anbetung zu ihm kommen. Was muss es für ihn, meinen Herrn, gewesen sein, als er nach dem Mahl mit seinen Jüngern ein Loblied gesungen hat. Bedenken wir, er stand noch vor seinem Werk. Wir, die wir hinter seinem vollbrachten Werk stehen, haben wirklich allen Grund, ihm von ganzem Herzen zu danken und ihn zu preisen.

Wer darf teilnehmen?

Das ist sicherlich eine wichtige Frage. Das Mahl des Herrn ist - ich möchte es einmal so ausdrücken - eine „interne Familienfeier" und keine öffentliche Angelegenheit. Der Herr Jesus hat es „im kleinen Kreis" mit seinen Jüngern gefeiert. Und auch die Ausführungen des Apostel Paulus in 1. Korinther 11 ab Vers 23 machen klar, dass nur solche daran teilnehmen können und sollen, die ein Eigentum Jesu sind, die also „zur Familie" gehören, zur Familie Gottes. Es ist ein Zusammenkommen der Glaubenden, um an ihren Erlöser und Herrn zu denken. Das macht auch verständlich, dass in der Regel zu dieser Stunde in der Gemeinde nicht öffentlich eingeladen wird. Das geschieht auch aus dem Grund, damit nicht möglicherweise ein Ungläubiger *„sich selbst Gericht"* isst, wie Paulus es in 1. Korinther 11,27 und 29 sagt:

> *„Wer also unwürdig das Brot isst oder den Kelch des Herrn trinkt, wird des Leibes und Blutes unseres Herrn schuldig sein. (...) Denn wer isst und trinkt, isst und trinkt sich selbst Gericht, wenn er den Leib des Herrn nicht richtig beurteilt."*

Diese Worte erklären auch, dass ein Gläubiger, der sein Leben nicht mit Gott und seinen Mitmenschen in Ordnung hat, in dieser Verantwortung steht: Er isst und trinkt sich selbst

Gericht. Damals in Korinth hatte das bereits Folgen gehabt. Der Apostel schreibt:

> *„Deshalb sind viele unter euch schwach und krank, und ein gut Teil sind entschlafen* (= gestorben). *Wenn wir aber uns selbst beurteilten, so würden wir nicht gerichtet."*
> 1. Korinther 11,30-31.

Manche Gläubigen lassen deshalb Brot und Kelch bei der Mahlfeier vorübergehen, weil sie Dinge in ihrem Leben nicht geordnet haben. Doch Gott möchte eigentlich etwas ganz anderes mit diesen Versen erreichen:

> *„Der Mensch aber prüfe sich selbst - und so esse er von dem Brot und trinke aus dem Kelch."* 1. Korinther 11,28

Unser Herr möchte also, dass Dinge geordnet werden (!) und dass wir dann teilnehmen am Mahl des Herrn! Schon allein deshalb ist es für jeden eine Hilfe zur geistlichen Disziplin, das Mahl des Herrn so oft wie möglich zu feiern. Es zwingt uns sozusagen, unser Leben stets mit Gott und unseren Mitmenschen in Ordnung zu halten, es hilft uns zu einem Heiligungsleben.

Wie ist der Ablauf und wann soll es gefeiert werden?

Was kennzeichnet oder wie gestaltet sich das Zusammenkommen zum Brotbrechen oder Mahl des Herrn? Die Bibel gibt uns da keine Anweisungen, wie diese Mahlfeier sein soll. Damals beim ersten Mal hatte der Herr Jesus es mit seinen Jüngern im Anschluss an das Passahmahl eingesetzt. In Korinth wurde es offenbar in Zusammenhang mit gemeinsamen Gemeindeessen durchgeführt, in Troas war es eingebettet in die Verkündigungsstunden des Apostels Paulus

(Apostelgeschichte 20). Wenn wir über einen angemessenen Ablauf nachdenken, steht natürlich im Mittelpunkt die eigentliche Handlung selbst, dann bieten sich Gebete an. Der Herr Jesus tat es in diesem Zusammenhang auch. Ebenso machte er Erklärungen dazu (Matthäus 26,26-29) und hat mit seinen Jüngern gesungen. Wir sollten dabei nur bedenken, dass es sich nicht um ein „Wunschkonzert" handelt, dass es keine Fürbittstunde ist und auch nicht ein Zusammenkommen zum Zeugnisgeben. Im Mittelpunkt steht stets „Denkt an mich!" - es geht um ihn, unseren Herrn.

Was den Zeitpunkt betrifft, finden wir ebenso in der Schrift keine Anweisung. Das erste Mal auf dem Obersaal war es Donnerstagabend. In der ersten Gemeinde in Jerusalem geschah es täglich und in Troas (Apostelgeschichte 20) war es der erste Tag der Woche, der Auferstehungstag unseres Herrn. Da seit dem Jahr 315 n. Chr. dieser Tag zum wöchentlichen Ruhetag erhoben wurde, bietet er sich zur Mahlfeier geradezu an.

Was das Mahl des Herrn nicht ist

Nun, das dürfte für jeden Gläubigen klar sein: Das Abendmahl ist

- **kein** Sakrament (also keine heilsvermittelnde Handlung),
- **kein** Mittel zur Heilsgewissheit oder gar zur Vergebung der Sünden,
- **kein** Weg, um einen besonderen Segen zu bekommen,
- **nicht** der Eintritt in die Gemeinde,
- **nicht** tatsächlich Leib und Blut unseres Herrn, sondern Brot und Kelch sind lediglich Symbole.

Unser Herr gab uns etwas Sichtbares in die Hand, damit wir uns als vergessliche Menschen immer und immer wieder an ihn, unseren Erlöser, erinnern und ihm danken!

Wie bereits gesagt: Hier, wo der Herr Jesus verheißen hat, inmitten seiner Gemeinde zu sein (Matthäus 18,20; 1. Korinther 14,25), hier, wo er zu Hause ist, darf auch ich zu Hause sein! Hier darf ich zur Ruhe kommen und auftanken.

● **Hier darf ich** auf ihn, meinen Herrn, hören, *von* ihm hören, hier werde ich korrigiert, getröstet, gestärkt, innerlich aufgebaut, hier lerne ich ihn immer besser kennen durch sein Wort. Die Schrift sagt: *„Sie verharrten in der Lehre der Apostel."*

● **Hier darf ich** Gemeinschaft haben mit ihm, meinem Herrn, und die Gemeinschaft mit meinen Glaubensgeschwistern erfahren. Die Schrift sagt: *„Sie verharrten in der Gemeinschaft."*

● **Hier darf ich** an ihn, meinen Herrn denken, an sein Sterben, sein Leiden, hier darf ich seinen Tod der sichtbaren und unsichtbaren Welt verkündigen, hier darf ich ihn loben, preisen und anbeten. Die Schrift sagt: *„Sie verharrten im Brechen des Brotes."*

● **Hier darf ich** mit ihm sprechen, ihm danken, ihn preisen, ihm meine Bitten und Wünsche sagen, darf ihm die Not anderer bringen und darf wissen, dass er hört. Die Schrift sagt: *„Sie verharrten in den Gebeten."*

Übrigens: Schreib dir die wöchentlichen Gemeindestunden in deinen Terminkalender. Oder willst du auf den Segen des Herrn verzichten?

Fragen zum Nachdenken:

- Woher kommt es, dass die wöchentliche Gebetsstunde in vielen Gemeinden die Zusammenkunft ist, die am schwächsten besucht wird?
- Was bedeuten mir die Zusammenkünfte der Gemeinde?
- Wo bin ich selbst gefordert, meine Gaben einzusetzen?

Blick auf das heutige Antiochien

5. Wie geschieht Gemeindewachstum?

Zu Besuch in der Gemeinde in Antiochien

(Apostelgeschichte 11,19-26; 13,1-3; 14,26)

Wenn man an der Küste Israels gegen Norden fährt - an Tyrus und Sidon vorbei -, erreicht man nach ca. 400 km die bedeutende Hafenstadt Seleucia an der Mündung des Orontes, der das Libanon- und das Taurusgebirge durchschneidet. Hier steigen wir in ein Binnenschiff und fahren 22 km stromaufwärts. Schon von weitem kündet sich durch viele Vororte die drittgrößte Stadt des römischen Reiches an: Antiochia. Auf beiden Seiten des Stromes erstreckt sich diese riesige Weltstadt mit großen Prachtstraßen, Theatern und Bibliotheken. Sie wurde von Seleukus I Nikator um 310 v. Chr. gegründet und nach seinem Vater, dem grausamen Herrscher Antiochus, benannt. Der eigentliche Stadtkern liegt auf einer Insel inmitten des Flusses, der durch 5 Brücken mit dem Festland verbunden ist. Stark vom Hellenismus geprägt, beherbergt sie große Schulen der Philosophie, der Medizin und der Rhetorik. Emsiges Treiben der internationalen Bevölkerung hat diese Stadt zwischen Ost und West zur bedeutenden Handelsgroßstadt wachsen lassen. Die Juden haben sich zahlreich in dieser Stadt niedergelassen, doch gegenüber den Griechen und Syrern sind sie deutlich in der Minderheit.

Doch nicht nur durch regen Handel und berühmte Schulen ist Antiochien bekannt, sondern auch in negativem Maße durch ihre übermäßige Unmoral, die geradezu sprichwörtlich ist: Der römische Dichter Juvenal, der die Verderbtheit und Sitten-

Antikes Schiff. Abbildung auf einem Sarkophag aus Sidon.

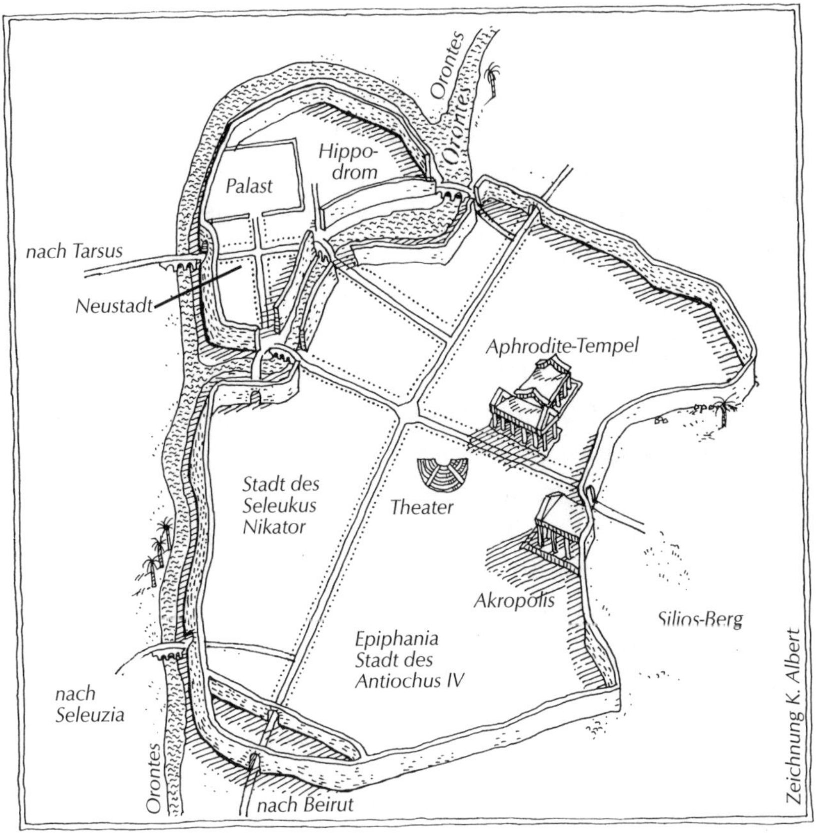

losigkeit Roms anprangert, schreibt gleichnishaft: „Der Orontes ist über seine Ufer getreten und in den Tiber geflossen."

Kann man in solch einer Stadt als Christ leben? Sollte man inmitten von „St. Pauli und Reeperbahn" evangelisieren? Sollte man hier gar an Gemeindebau denken?

Wie erstaunlich ist es, dass Gott gerade hier in dieser sündigen Weltmetropole Antiochien Gemeinde baut! Und zwar auf eine Weise, von der wir auch heute viel lernen können.

Wie entsteht und wächst diese Gemeinde?

Eines Tages - etwa im Jahr 38 unserer Zeitrechnung - tauchen in Antiochien Menschen auf, die sich in ihrem täglichen Leben stark von der einheimischen Bevölkerung unterscheiden. Offensichtlich sind sie Juden, doch in ihrem Auftreten verhalten sie sich anders und lehren auch anderes, als ihre ortsansässigen Volksgenossen. Bereitwillig geben sie Auskunft, scheuen sich nicht, über ihren Glauben zu sprechen (Apostelgeschichte 11,19). Sie haben aus Jerusalem fliehen müssen, da sie an einen gewissen Jesus Christus glauben, um dessentwillen ein Mann namens Stephanus vor kurzem gesteinigt worden war. Namenlose Flüchtlinge sind sie, legen keinen Wert auf Anerkennung und Ehre. Keiner von ihnen macht von sich selbst Reden, vielmehr sprechen alle freimütig nur von diesem Einen, den sie ihren Herrn nennen. Mutig bezeugen sie ihren Glauben von Mann zu Mann (Apostelgeschichte 11,19). (Wir würden das heute sicher persönliche Evangelisation nennen.) Aber auch öffentliche Verkündigung ist ihnen nicht fremd (Apostelgeschichte 11,20), vermutlich haben sie dazu die Markt- und Stadtplätze genutzt, wo die Bevölkerung zusammenkam. (Wir nennen das Evangelisation oder Missionseinsatz.)

Und sie beschreiten neue Wege dabei: Sie beschränken sich bei der Verkündigung nicht allein auf ihre Landsleute, die Juden, sondern wagen sich an die Einheimischen und an die vielen Ausländer in dieser großen, pulsierenden Stadt. Haben wir nicht auch die gleichen Möglichkeiten in unseren Städten und Dörfern? Wie viele ausländische Mitbürger, Gastarbeiter, Aussiedler und Asylanten leben in unserem Land! Wir haben die Außenmission sozusagen direkt vor unserer Wohnungstür! Nutzen wir diese Chancen! Der Lebensstil der nach Antiochien gekommenen Jerusalem-Flüchtlinge unterstreicht dabei

Antiochien

in eindrucksvoller Weise das von ihnen Gesagte, so dass sie schon bald in aller Munde sind. Sie leben also nicht irgendwo im Hinterhof versteckt, sondern sind zum Stadtgespräch geworden. „Christen" werden sie genannt! Ist das nun spottend oder anerkennend gemeint? Ob wir heute von ihnen lernen können? Wie werden wir als „Christen" (also solche, die wie Christus leben) von unserer Umgebung, von den Nachbarn, den Arbeits- oder Schulkollegen wahrgenommen? Ist das, was wir sagen, identisch mit dem, was wir leben?

Und die Hand des Herrn war mit ihnen

So entsteht und wächst in der Metropole Antiochien Gemeinde des lebendigen Gottes. Ich frage mich: Wie mag es in den Zusammenkünften zugegangen sein? Die unterschiedliche

Herkunft der Gläubiggewordenen, die unterschiedlichen Nationalitäten, die verschiedenen Kulturen und Sprachen. Hier wird eigentlich zum ersten Mal das Wort wahr, das bereits Abraham in der Verheißung gegeben worden war: *„Und in dir sollen gesegnet werden alle Geschlechter der Erde!"* (1. Mose 12,3).

Wo Gemeinde wächst, bleibt das nicht unbemerkt!

Nicht nur in Antiochien, sondern auch weit darüber hinaus, wird man auf dieses Gemeindewachstum aufmerksam. Wusstest du, dass Gemeinden Ohren haben? Wir lesen hier:

> *„Es kam aber die Rede von ihnen zu den Ohren der Gemeinde in Jerusalem."*
> Apostelgeschichte 11,22

Ja, Gemeinde-Nachrichten sind die schnellsten! Sie verbreiten sich meist schneller als E-Mail oder Telefon ...

So hört die Heimatgemeinde in Jerusalem von ihnen und die Apostel senden Barnabas zu ihnen, um nach dem Rechten zu sehen. Dabei wählen sie sehr feinfühlig einen Mann aus, der nicht nur das Zeugnis hat, ein guter Mann und voll Heiligen Geistes zu sein (Apostelgeschichte 11,24), auch seine Herkunft aus Zypern (Apostelgeschichte 4,36, vgl. mit Apostelgeschichte 11,20) ist sicherlich nicht unerheblich für die rechte Beurteilung dieser jungen internationalen Gemeinde.

Was sehen wir, wenn wir eine junge Gemeinde kennen lernen?

Natürlich mag hier manches anders oder ungewohnt in der Gemeinde gewesen sein, schließlich haben sie in keiner Weise den Hintergrund und die Kenntnisse des Alten Testamentes wie die Geschwister in Jerusalem, die von Hause aus Juden sind. Aber Barnabas freut sich über das, was er hier erlebt, weil er hinter allem die Gnade Gottes erkennt (Apostelgeschichte 11,23).

Was sehen wir, wenn wir eine Gemeinde kennen lernen? Wenn ich eine Gemeinde zum ersten Mal besuche, bin ich gern früh da und beobachte, wie die Geschwister zur Stunde kommen. Interessiert frage ich nach der Stunde Einzelne, wie sie den Herrn Jesus gefunden haben und wie sie zur Gemeinde gekommen sind. Jedes Mal neu komme ich ins Staunen darüber, auf welch unterschiedliche Weise die Einzelnen geführt wurden. Das macht die Größe und die Gnade Gottes klar. Nur ein Beispiel von vielen: Vor Jahren traf ich in einer Grenzstadt einen Grenzbeamten. Er erzählte mir, dass er in der Bibel nach seinem Berufsstand geforscht hatte und feststellen musste, dass die Zöllner stets mit den Sündern in einem Atemzug genannt werden. So kam er zur Erkenntnis seiner eigenen Sünde und fand Vergebung bei dem, der die Sünder liebt.

Auch durch die Verkündigung des Barnabas kommen etliche Menschen in Antiochien zum Glauben. Doch alle Freude über die junge Gemeinde verschließt Barnabas nicht den Blick für den Mangel der Geschwister. So macht er sich auf den Weg, um Saulus zu holen, damit er ihm bei der weiterführenden systematischen Belehrung hilft (Apostelgeschichte 11,26). Vielleicht würden wir dies heute Nacharbeit oder Bibelseminare nennen.

Beides ist also nötig:

Evangelisation, also die dringliche Weitergabe der frohen Botschaft an unsere verlorenen Mitmenschen - haben wir noch einen Blick für sie? - und die notwendige Weiterführung im Wort Gottes zur Kräftigung der Gläubigen. Sehen wir noch die Notwendigkeit für eine eventuell auch systematische Belehrung unserer Gemeinden? Da ist in der Vergangenheit manches vernachlässigt und versäumt worden. Erfreulicherweise ist heute mancherorts in dieser Hinsicht einiges in Bewegung: Kurse, Seminare, Bibelunterricht sind notwendig, wenn unsere Gemeinden wieder neu Fundamente des Glaubens gewinnen sollen.

Wachstum der Gemeinde bedeutet auch Engagement in Diakonie und Mission

Erst nach dieser Zeit der intensiven Belehrung und des Bibelstudiums öffnet sich der Blick dieser jungen Gemeinde für die Hilfe der Bedürftigen (Apostelgeschichte 11,27-30) und die Aufgabe der regen Anteilnahme an der Außenmission (Apostelgeschichte 13,1-3; 14,26).

Dankbar bin ich, dass in meiner Heimatgemeinde durch die missionarischen Einsätze in unserer Stadt über den Kontakt zu Randgruppen eine Gefährdetenhilfearbeit entstehen konnte, durch die Drogenabhängigen und Straffälligen das Evangelium nahegebracht werden kann und Menschen den Herrn Jesus finden.

Die Gemeinde in Antiochien ist uns ein leuchtendes Beispiel für eine Gemeinde, die aktiv in dieser Welt steht, aber nicht von dieser Welt ist. Wie gerne hätte ich diese Gemeinde erlebt.

Wie kann heute Gemeinde entstehen?

In einer Gemeinde treffe ich auf auffallend viele Finanzbeamte, in einer anderen Gemeinde sind so viele Krankenschwestern, Pfleger und Ärzte, dass sie fast ein eigenes Krankenhaus aufmachen könnten. Zeugnisse davon, dass hier

Christen fleißig an ihrem Arbeitsplatz von ihrem Herrn weitererzählt haben und Menschen zu Jesus Christus führen konnten.

Da entsteht eine Gemeinde in einem Urlaubsort, weil Urlauber regelmäßig in ihrem Feriendomizil Bibelstunde halten und Einheimische, die zum Glauben gekommen sind, dazu einladen, diese Bibelstunden weiterzuführen ...

Wie vielfältig ist die Gnade Gottes!

Fragen zum Nachdenken:

- Trage ich das Evangelium hinaus in meine Verwandtschaft, an meinen Arbeitsplatz?
- Was sehe ich, wenn ich die Glieder meiner Gemeinde sehe? Kann ich noch die Gnade Gottes sehen?

Philippi

6. Wie kommt Freude in die Gemeinde?

Zu Besuch in der Gemeinde in Philippi

Man schreibt das Jahr 49 nach Christus. Vier Männer haben - von Troas in Kleinasien über Samothrace kommend - das Schiff im Hafen von Neapolis verlassen und wandern nun die 12 Kilometer landeinwärts der ersten größeren europäischen Stadt entgegen. Bald stoßen sie auf die römische Heeresstraße, die Via Egnatia, die die beste Verbindung von Westen nach Osten bildet. Nach ca. drei Stunden erreichen sie die mächtigen Stadtmauern dieser bedeutenden und durchaus modernen Stadt. Gleich zu Beginn fällt ihnen auf, dass hier - obwohl sie sich in der griechischen Provinz Mazedonien befinden - alles römisch geprägt ist, man zudem lateinisch und nicht griechisch spricht. Ja, Philippi hat schon seine Eigenarten.

Ihren Namen verdankt diese Stadt Philipp von Mazedonien (359-336 v. Chr.), dem Vater Alexanders des Großen. Er gründete sie an einer Stelle, an der bereits ein alter Ort mit Namen Krenides (= Quellort) bestanden hatte. Er baute die Stadt aus und errichtete Befestigungswerke. Sie lag, unweit des Pangäus-Gebirges und der dortigen Goldbergwerke. Die ersten Goldmünzen trugen seinen Namen.

Im Jahr 168 v. Chr. wird Philippi nach der Schlacht von Pydna von den Römern anektiert. Die Lage der Stadt im nördlichen Vorland des Ägäischen Meeres zeigte sich strategisch von großer militärischer Bedeutung. Von hier aus geht die Pass-Straße über die Gebirgskette auf dem Weg nach Kleinasien. So ist Philippi schon bald eine blühende und einflussreiche Stadt.

42 v. Chr. wird sie Schauplatz der entscheidenden Schlacht, in der Octavian (der nachmalige Augustus) über seine Rivalen und Cäsarmörder Brutus und Cassius siegt. Augustus erhebt Philippi im Jahr 31 v. Chr. zur römischen Militärkolonie. So beschreibt Lukas sie in Apostelgeschichte 16, dass sie *„die bedeutendste Stadt in jenem Teil Mazedoniens war, eine römische*

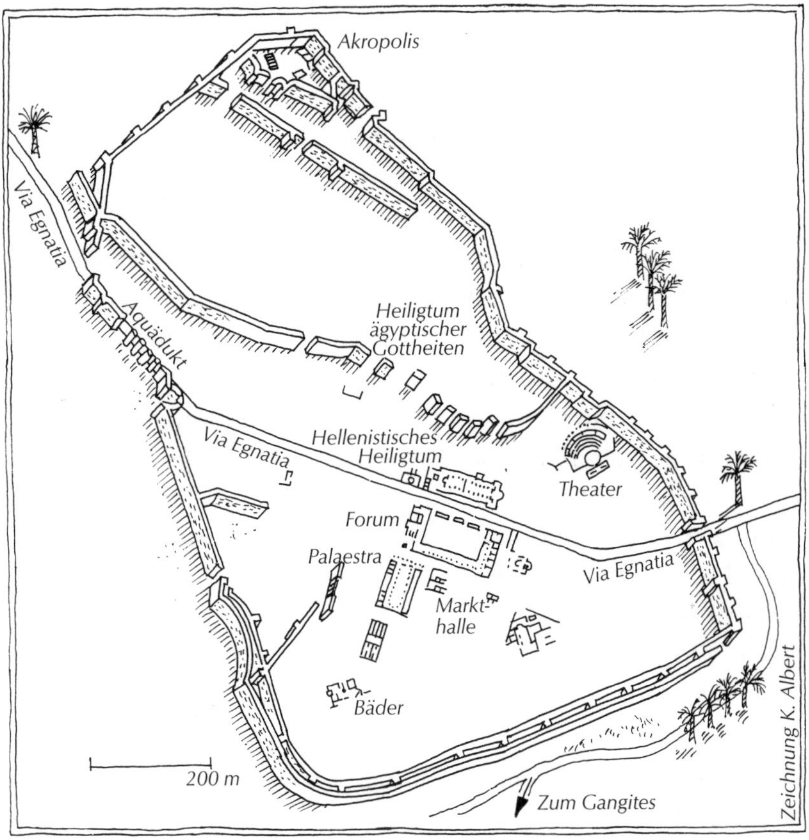

Kolonie" (Apostelgeschichte 16,12). Das bedeutet: Die Kolonisten genießen die gleichen Rechte und Vorrechte wie in Italien. Hier werden altgediente römische Soldaten angesiedelt. Und damit sich diese Römer auch wie in Rom fühlen können, ist alles in Philippi vorhanden: das römische Theater, die römischen Bäder und natürlich auch ein römisches Forum.

Dass in solch eine Stadt keine Synagoge passt, ist fast selbstverständlich: Die Juden sind nicht erwünscht. Die wenigen gottesfürchtigen Frauen versammeln sich außerhalb der Stadt am nahen Fluß Gangites zum Gebet.

Eigentlich hatten die vier Männer ganz andere Pläne gehabt. Sie hatten sich vorgenommen, im Inneren der nördlichen Provinz Asien, der heutigen Türkei, zu missionieren. Aber der Geist Gottes hatte ihnen bedeutet, nach Mazedonien zu reisen. So sind sie gespannt, was sie hier in Europa erwartet. Dieses Gebiet ist Neuland für sie.

Und doch, eigentlich können sich die Vier hier in Philippi einigermaßen sicher fühlen: Paulus, der zum lebendigen Glauben an Jesus Christus gekommene Theologe und Zeltmacher, und Silas, sein treuer Freund und Mitstreiter (in den Briefen trägt er den lateinischen Namen Silvanus), haben die römische Staatsbürgerschaft und damit römische Pässe. Die beiden werden von dem Mediziner Lukas begleitet, dem Autor des gleichnamigen Evangeliums und Berichterstatter der Apostelgeschichte, und dem jungen Timotheus aus Lystra. Sie sind Griechen.

Übrigens: Aus den „Wir"-Berichten der Apostelgeschichte könen wir entnehmen, auf welchen Streckenabschnitten Lukas den Apostel begleitet. Da Philippi eine Hochschule für Heilkunde beherbergt, ist es verständlich, dass Lukas offensichtlich in dieser Stadt bleibt, bis Paulus und seine Mitarbeiter auf der späteren Rückreise wieder durch Mazedonien kommen werden. Für Timotheus ist diese Reise der erste Missionseinsatz überhaupt und zudem sein erster Auslandsaufenthalt. Und er sollte auch gleich der spannendste und dramatischste für ihn werden ...

Da die Vier in Philippi keine Synagoge finden, begeben sie sich an den nahen Fluß. Juden hatten seit der babylonischen Gefangenschaft die Gewohnheit, sich - wenn keine Synagoge zur Verfügung stand - zum Gebet und zur Lesung an einem Gewässer zu versammeln. Hier am Gangites treffen Paulus und seine Mitreisenden einige Frauen an, die zum Gebet zu-

Die Via Egnatia nahe Philippi

Philippi

sammengekommen sind (Apostelgeschichte 16,13). Diesen ersten Missionseinsatz hatten sie sich sicher ganz anders vorgestellt. Und doch, der Geist Gottes wirkt: Lydia, eine Textilhändlerin aus dem kleinasiatischen Thyatira, kommt zum Glauben. Sie öffnet nicht nur ihre Ohren, sie öffnet ihr Herz und ihr Haus für das Evangelium. Wir können vermuten, dass in ihrem Haus sich später auch die Gemeinde versammelt (Apostelgeschichte 16,40).

Unerwartete Ereignisse

Die Heilung einer okkult belasteten Magd verursacht eines Tages unerwartet einen Aufruhr in der Stadt und, ehe sie sich versehen, werden Paulus und Silas ohne jede Gerichtsverhandlung ausgepeitscht und ins örtliche Gefängnis geworfen, da man in ihnen Juden vermutet. Timotheus als Jugendlicher scheint nicht in diesen religiös-politischen Verdacht zu kommen. Man kann nur vermuten, wie er diese Ereignisse erlebt! Doch sein Herz wird dadurch gerade mit dieser Stadt und den Gläubigen so eng verbunden, dass Paulus 11 Jahre später von ihm schreiben kann:

> *„Denn ich habe keinen ihm Gleichgesinnten, der aufrichtig für das Eure besorgt sein wird. (...) Ihr kennt seine Bewährung, dass er, wie ein Kind dem Vater, mit mir am Evangelium gedient hat. Diesen nun hoffe ich sofort zu senden, wenn ich meine Lage übersehe.“*
> Philipper 2,20.22

Ein unfreiwilliger Gefängnis-Einsatz

Das folgende Ereignis in Philippi hat für mich eine besondere Bedeutung:

Das römische Theater in Philippi

In meiner Bibel liegt bei Apostelgeschichte 16 die Visitenkarte des Gefängnisdirektors einer ungarischen Stadt nahe der rumänischen Grenze. Und das kam so:

Wir waren als Chor der Gefährdetenhilfe zu einem Missionseinsatz in ungarischen Strafanstalten. Und dieser Leiter eines Hochsicherheitsgefängnisses hatte uns eingeladen. Offenbar war er stolz darauf, dass er solch eine „Kulturveranstaltung“, wie er unseren Einsatz nannte, für seine Inhaftierten durchführen lassen wollte. So hatte er zu der Veranstaltung nicht nur die Straffälligen, sondern auch alle honorigen Persönlichkeiten der Stadt eingeladen.

Das war schon eine illustre Gesellschaft, die da versammelt war: Auf der einen Seite saßen alle „schweren Jungs“ in dezentem Anstaltsgrau, auf der anderen Seite alle hochgestellten Personen in Anzug und Krawatte. Wir sangen einige ungarische Evangeliumslieder und ich überlegte fieberhaft, worüber ich bei solch einem gemischten Publikum predigen sollte. „Was“, so kam mir der Gedanke, „liegt näher als die Situation im Gefängnis in Philippi!“

So stellte ich zu Beginn den Inhaftierten die Frage: „Was würde passieren, wenn in dieser Stadt ein Erdbeben geschähe und alle Türen des Gefängnisses sich öffneten?“ Da kam Bewegung unter die Zuhörer! Die Gefangenen rutschten aufgeregt auf ihren Stühlen hin und her und waren begeistert: „Du würdest nur noch qualmende Socken sehen!“, war ihre einstimmige Antwort. Die hohen Herrschaften rutschten unruhig auf ihren Stühlen und schauten zusehends nervöser zu den Anstaltsgrauen hinüber.

„Nun“, fragte ich weiter, „was würde mit eurem Anstaltskommandanten geschehen?“ Lachend kam die überzeugende Antwort: „Der würde einen Herzinfarkt bekommen!“ Und der Direktor nickte beklommen.

„Was müsste geschehen, damit alle Inhaftierten in den Zellen sitzen bleiben, wenn bei einem Erdbeben plötzlich die Türen aufspringen?“, stellte ich die dritte Frage. Erstaunt schauten sie mich an. Nein, das würde bei ihnen nicht geschehen. So dumm sei keiner von ihnen!

„Nun“, sagte ich, „aber von solch einer unglaublichen Geschichte will ich euch berichten.“ Und dann erzählte ich ihnen die Begebenheit aus Apostelgeschichte 16, wie Paulus und Silas ins Gefängnis gekommen waren und den Gefangenen um Mitternacht Lieder vorgesungen haben - „So wie wir euch heute (übrigens, das war der erste - zwar unfreiwillige - Missionschoreinsatz in einem Gefängnis). Und offensichtlich haben die Inhaftierten die Botschaft der Lieder verstanden, so dass sie nicht weggelaufen sind, als die Türen sich öffneten!“ Und dann berichtete ich ihnen, dass dadurch der Gefängniskommandant von Philippi mit seinen Angehörigen zum lebendigen Glauben an Jesus Christus kam. - Da wurde der ungarische Anstaltsleiter sehr unruhig.

Nach der Predigt brachte er es auch zum Ausdruck, als er meinte, ich hätte ihn „ausgepredigt". Und er schien zuerst ziemlich verärgert zu sein. Aber als er uns später am Bus verabschiedete, nahm er mich spontan in den Arm, gab mir seine Visitenkarte und sagte: „Sie müssen unbedingt wiederkommen. Ich habe verstanden, die Botschaft war nicht nur für die Inhaftierten, sondern auch für mich!" So erinnert mich seine Visitenkarte immer daran, für ihn zu beten, dass er wie der Gefängnisdirektor in Philippi zum Glauben an den Herrn Jesus Christus kommt.

Elf Jahre später

Paulus sitzt wieder im Gefängnis. Diesmal in Rom. Und hier wird er nicht so schnell wieder rauskommen. Da bekommt er Besuch aus Philippi. Epaphroditus, einer der Ältesten der Gemeinde, bringt ihm nicht nur die Grüße der dortigen Geschwister mit, sondern auch eine Unterstützung zu seinem Lebensunterhalt. Es ist schön zu sehen, wie diese Gemeinde an dem weiteren Ergehen des Apostels Anteil nimmt und mir scheint, dass insbesondere der Gefängnisdirektor ihn in seinem Herzen hat, da er sehr wohl weiß, wie es in römischen Gefängnissen aussieht und zugeht.

So schreibt Paulus den Philipperbrief. Wer ihn liest, merkt die innige Verbundenheit und Liebe, die zwischen dieser Gemeinde und dem Apostel besteht. Diese gegenseitige Anteilnahme macht es dem Apostel möglich, auch Dinge anzusprechen, die sich offensichtlich inzwischen in dieser Gemeinde eingeschlichen haben.

Der Brief der Freude und die „Freudenkiller"

Der Philipperbrief wird häufig als der Brief der Freude bezeichnet, und in der Tat kommen die Begriffe „Freude", „freuen" und „froh werden" mehrfach vor. Doch bevor es zur Freude in einer Gemeinde kommt, müssen die „Freudenkiller" beseitigt werden! Und das ist der Anlass dieses Briefes.

Freudenkiller Nr. 1: Unterschiedlichkeit der Geschwister

Stell dir vor, du würdest die Gemeinde in Philippi besuchen und die Geschwister dort kennen lernen. Du kämst ins Staunen darüber, wie Gott Menschen unterschiedlichster Herkunft, unterschiedlichster Berufe und sozialer Schichten zusammenstellt und Gemeinde baut.

- Da ist der bereits erwähnte Gefängnisdirektor mit seinen Angehörigen, ein römischer Beamter,
- da ist die erfolgreiche Textilhändlerin und Importeurin aus Kleinasien, sie stellt ihr Haus der Gemeinde zur Verfügung,
- da ist eine Magd mit einer okkulten Vergangenheit, die durch die Kraft Gottes frei geworden ist,
- da sind Klemens und weitere Mitarbeiter, die am Evangelium gekämpft haben,
- da ist ein Bruder, den Paulus seinen rechten Gefährten nennt, der offensichtlich die Gabe zum Hirtendienst hat,
- da ist Epaphroditus, einer der Ältesten der Gemeinde, der die weite Reise macht, um den Apostel zu besuchen, und dabei lebensgefährlich krank wird,

- da sind Evodia und Synthyche, zwei Schwestern, die missionarisch aktiv sind,
- und da sind etliche weitere Geschwister, die nicht namentlich erwähnt werden.

Ist es da verwunderlich, wenn verschiedene Meinungen und Auffassungen auftreten? Dadurch entsteht leicht der nächste Freudenkiller.

Freudenkiller Nr. 2: Uneinigkeit der Geschwister

Epaphroditus berichtet aus dem Gemeindealltag in Philippi und schildert dabei ein Problem, das nicht nur damals in Gemeinden auftrat. Die beiden Schwestern Evodia und Synthyche kommen nicht mehr miteinander klar. Was der Grund des Zerwürfnisses ist, kann man nur vermuten. Doch ist das sicher auch nicht so wichtig. Wie leicht geschieht das im zwischenmenschlichen Bereich. Da genügt es, dass der eine vergisst, den anderen zu begrüßen. Beim nächsten Mal hält der andere sich zurück und schon treten Vermutungen auf, Verdächtigungen und Anschuldigungen, die jeder Basis entbehren.

In manchen Gemeinden hat man den Eindruck, dass man im Gemeindesaal etliche „Schmollecken" einbauen sollte, damit beleidigte Geschwister sich zurückziehen können, oder zwei Ausgänge, damit man sich aus dem Weg gehen kann. Paulus spricht in seinem Brief diese Situation direkt an (Philipper 4,3).

Freudenkiller Nr. 3: Bitterkeit, Streit und Neid

Häufig bleibt es nicht bei einer Verstimmung zwischen Geschwistern, sondern durch Neid oder Eifersucht wächst in den Herzen Bitterkeit durch vermeintliche Verletzung, und nicht selten wächst sich das ganze zu einem handfesten - wenn auch nur verbalen - Streit aus.

Freudenkiller Nr. 4: Üble Nachrede

Die Folge ist, dass man übereinander und nicht mehr miteinander redet, und das hinter vorgehaltener Hand. Man sucht sich andere Geschwister, die die eigene Meinung bestärken. So entstehen Parteiungen und Lager. Man geht sich aus dem Weg und man kann die Spannungen förmlich spüren.

Freudenkiller Nr. 5: Mangelnde Hingabe

Wer mit anderen nicht in Offenheit lebt, kann auch nicht in Hingabe seinem Herrn dienen. Die Bereitschaft, für das Evangelium unterwegs zu sein, erlischt und man wird unbrauchbar für das Reich Gottes.

Wie kommt wieder Freude in die Gemeinde?

Auf alle diese Punkte geht Paulus im Philipperbrief ein und zeigt Wege auf, wie diese Bremsklötze der Freude weggeräumt werden können.

Als Beispiele für **Hingabe** führt er Epaphroditus an (Philipper 2,25-30), dann Timotheus (Philipper 2,19-23) und sich selbst (Philipper 2,17-18; 3,7-8). Dabei macht er deutlich, dass ich mich nur hingeben kann, dass ich nur loslassen und auf Dinge verzichten kann, wenn mir etwas anderes viel wichtiger und wertvoller wird! Hingabe setzt also Verzicht voraus. Dafür ist der Herr Jesus in seiner Erniedrigung das krönende Beispiel überhaupt (Philipper 2,5-8).

Die Frage der **üblen Nachrede** ist ein Grundübel der Menschen und hat etwas damit zu tun, auf wen ich höre und wie ich rede. In Kapitel 4 geht Paulus darauf ein und zeigt uns den achtfachen Filter für rechtes Hören und rechtes Reden - nicht nur in der Gemeinde (Philipper 4,8-9). Wenn wir diese Verse aufmerksam lesen, sollten wir uns bei allem, was wir hören und bei allem, was wir reden, fragen:

- Ist es Wahrheit? (also kein Gerücht)
- Ist es ehrbar? (oder verletzt es die Ehre des anderen?)
- Ist es gerecht? (oder gehe ich mit Vorurteilen heran?)
- Ist es rein? (oder schmutzige Wäsche?)
- Ist es liebenswert? (oder ist Neid im Spiel?)
- Ist es wohllautend? (oder kann mans nicht laut sagen?)
- Ist es eine gute Eigenschaft? (oder eine schlechte?)
- Ist ein Lob? (oder ein Tadel?)

Oft reden wir mit den Geschwistern über die Geschwister - und mit dem Herrn über den Herrn. Reden wir doch mit dem Herrn über die Geschwister - und mit den Geschwistern über den Herrn!

Bitterkeit kann nur durch Buße überwunden werden! Sie ist wie eine verfestigte Mauer, ein krampfhaftes Gekränktsein von belastenden Gedanken und Gefühlen, ein Drehen um sich selbst und ein Selbstbemitleiden und Neid auf andere. Ein Bruder aus der Gemeinde wird im Philipperbrief gebeten, den beiden Schwestern beizustehen, da sie offensichtlich nicht selbst aus der Sackgasse herauskommen. Der Hebräerbrief ergänzt dieses Thema: *„Seht zu, dass nicht etwa eine Wurzel der Bitterkeit aufsprosse und Unfrieden anrichte, und viele durch sie verunreinigt werden“*, Hebräer 12,15 und Epheser 4,31 sagt: *„Alle Bitterkeit sei von euch weggetan!“*

Aber wie, wirst du sagen, gehen wir in der Gemeinde mit **Meinungsverschiedenheiten** um? Wie können wir eines Sin-

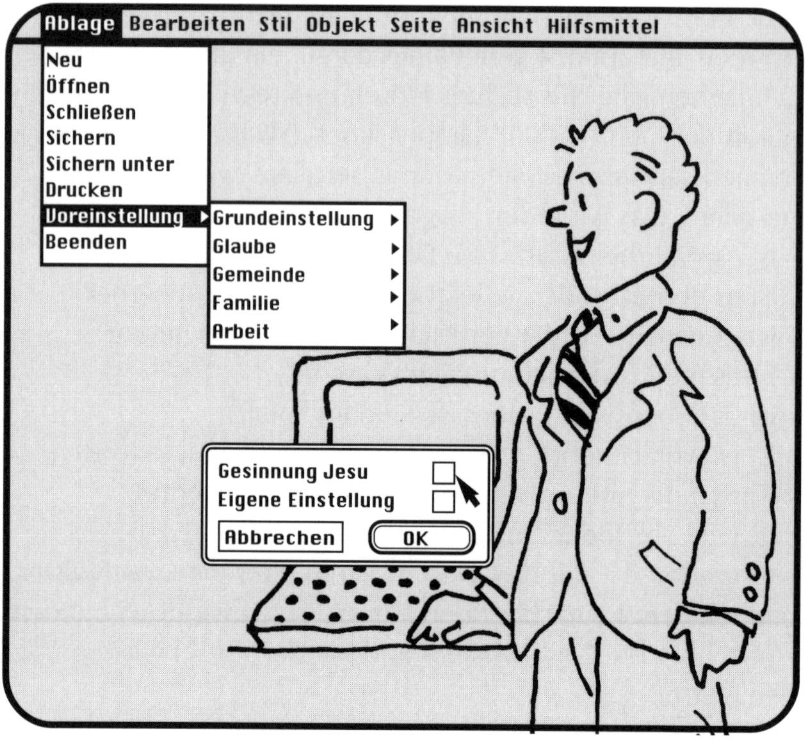

nes werden? Werden unsere Gedanken etwa uniform? Zunächst einmal: Was ist der Unterschied zwischen *„einer* Meinung" und *„eines* Sinnes"? Richtig. Meinung ist eine eigene Auffassung, zu der ich stehe; Gesinnung dagegen ist die innere Einstellung, die ich grundsätzlich habe. Ich möchte ein Bild gebrauchen. Wer mit Computern umgeht, wird das verstehen:

Damit zwei Computer miteinander kommunizieren können, brauchen sie außer dem gleichen Betiebssystem, möglichst das gleiche Programm und bei dem Programm die gleiche Voreinstellung.

So ist es bei zwei Christen auch: Sie brauchen das gleiche Betriebssystem (sprich: das neue Leben aus Gott), sie brauchen das gleiche Bibelverständnis und sie brauchen die gleiche Gesinnung. Und hier sagt uns Paulus im Philipperbrief, dass nur die gleiche Gesinnung, also die Grundeinstellung des Denken, Handelns und Lebens, wie die des Herrn Jesus maßgebend sein kann, wenn wir miteinander als Geschwister umgehen. Natürlich kann es sein, dass wir schon mal verschiedene Meinungen über bestimmte Wege oder Handlungsweisen im Leben haben werden. Aber wir werden uns verstehen und uns gegenseitig stehen lassen und anerkennen können, wenn die gleiche Voreinstellung, die gleiche Gesinnung vorhanden ist, wie sie auch bei dem Herrn Jesus war (Philipper 2,1-6).

Dann kommt bei aller Unterschiedlichkeit der Geschwister Freude auf, von der Paulus in Kapitel 4 schreibt. Sie ist nicht in äußeren Annehmlichkeiten begründet, sondern allein „im Herrn“:

> *„Freut euch in dem Herrn allezeit! Wiederum will ich sagen: Freut euch!“* Philipper 4,4

Kann man Freude befehlen? Natürlich nicht. Sie ist auch kein krampfhaftes Bemühen um Fröhlichsein. Freude ist eine Frucht des Geistes (Galater 5,22). Sie ist ein natürliches Ergebnis, wenn ich durch Gottes Geist lebe, das heißt in der Verbindung zum Herrn Jesus Christus. Es ist nicht nur die Freude am Herrn oder durch den Herrn, sondern im Herrn. Wir haben wirklich allen Grund zur Freude! Fangen wir an!

Fragen zum Nachdenken:

- Was verhindert die Freude in meinem Leben und in meiner Gemeinde?
- Was ist der Unterschied zwischen „eines Sinnes“ und „Einer Meinung“?

Thessalonich, Galius-B

7.
Wenn der Glaube in die Beine geht ...
Zu Besuch in der Gemeinde in Thessalonich

Korinth im Jahre 51 nach Christus. Unruhig geht ein Mann durch die große, sittenlose Hafenstadt auf dem griechischen Peleponnes. Die großen Tempelbauwerke der Akrokorinth und die riesigen Sportarenen scheinen ihn weniger zu beeindrucken als die abstoßende Sittenlosigkeit dieser quirligen Stadt. Am Marktplatz hatte er Arbeit bei einem Zeltmacher gefunden. Damit ist vorerst der tägliche Lebensbedarf gesichert. Er arbeitet intensiv, aber in seinen Gedanken zieht es ihn weit weg in den Norden des Landes. Was war in den letzten Wochen nicht alles geschehen!

Vor einigen Wochen war er mit seinen beiden Begleitern von Philippi, der römischen Kolonie, über Apollonia und Amphipolis der „Via Egnatia“ folgend, in Thessalonich angekommen (Apostelgeschichte 17,1). Jedem aufmerksamen Beobachter musste es aufgefallen sein: Der lange Fußmarsch von 150 Kilometern hatte ihm und dem zweiten Begleiter arg zu schaffen gemacht. Die Ursache dafür lag jedoch nicht so sehr an dem holperigen Kopfsteinpflaster der stark frequentierten Straße, sondern vielmehr an den Folgen der strapaziösen Untersuchungshaft im philippischen Gefängnis zuvor (1. Thessalonicher 2,2; Apostelgeschichte 16,24).

Und doch waren sie nicht niedergeschlagen gewesen. Ganz im Gegenteil: Zielstrebig, mit innerem Engagement und großer Erwartung hatten sie die Hauptstadt der Provinz Mazedonien erreicht (1. Thessalonicher 2,2-3). Mit ihren 200.000 Einwohnern war Thessalonich eine freie Stadt mit eigener Stadtverwaltung der sog. Politarchen (Apostelgeschichte 17,6). 315 v. Chr. von Kasssander, dem Schwager Alexanders des Großen, gegründet, war sie im Jahr 168 von den Römern erobert worden und hatte sich schon bald zur bedeutendsten Hafen- und Handelsstadt der Region entwickelt.

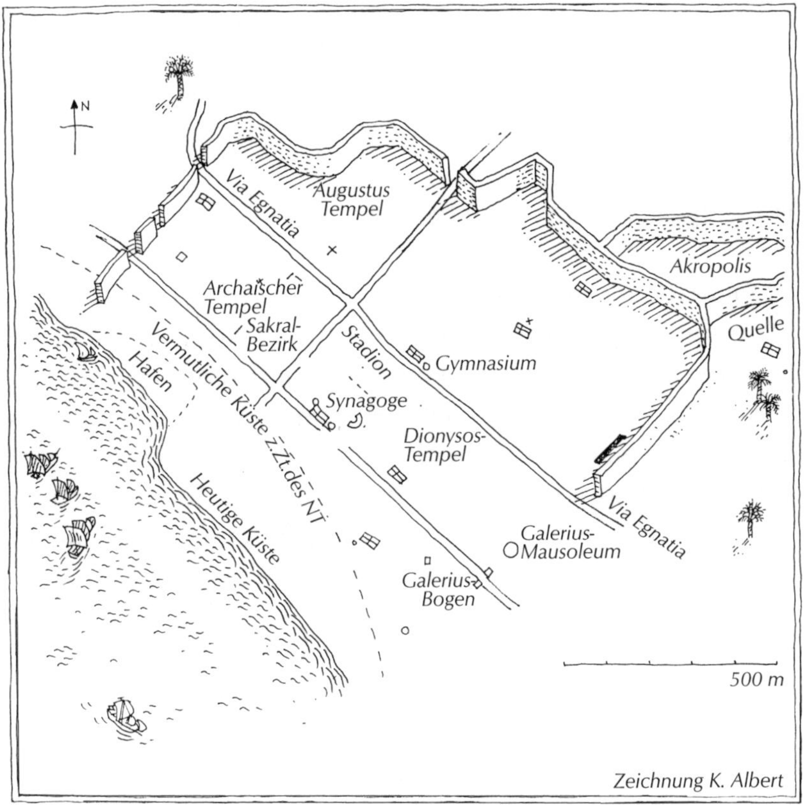

Drei Predigten - und eine Gemeinde entsteht!

Unsere drei Besucher, Paulus, Silas und Timotheus, hatten sich zunächst in dieser Stadt nach einer Arbeitsstelle umgesehen (1. Thessalonicher 2,9; 2. Tessalonicher 3,8) und dann die örtliche Synagoge der Juden aufgesucht (Apostelgeschichte 17,2). An den kommenden drei Sabbaten unterredete sich Paulus dort mit den jüdischen Mitbürgern, erklärte und zeigte ihnen, dass der verheißene Christus nach den alttestamentlichen Schriften leiden, sterben und auferstehen musste, und dass dieser Christus der Herr Jesus sei.

Spontan waren Menschen zum lebendigen Glauben gekommen, sowohl von den Juden als auch von den griechischen Einwohnern, und - welch ein Wunder - eine Gemeinde war entstanden.

Wo Sieg ist, ist auch Widerstand!

Doch auch heftiger Widerstand formierte sich, und Paulus hatte mit Silas und Timotheus Hals über Kopf die Stadt bei Nacht verlassen müssen. Über Beröa und Athen war er, Paulus, nun nach Korinth gekommen, und nun wartet er voll Ungeduld auf seine beiden Begleiter, die er von Athen aus nach Thessalonich zurückgeschickt hatte, um zu erkunden, ob die junge Gemeinde dort die sofort eingetretenen Verfolgungen und Angriffe überstanden hätte (1. Thessalonicher 3,1).

Banges Fragen: Wie kann eine Gemeinde bestehen, die kaum Belehrung hat?

Über so vieles hätte Paulus sie noch unterrichten wollen, die Frage der Ältesten und der Führung, die Fragen der Wiederkunft des Herrn und die Zukunftserwartungen der Glaubenden, die ganz praktischen Fragen der Heiligung und des Verhaltens im tagtäglichen Leben. Wie würde es ihnen gehen, würden sie überhaupt noch im Glauben stehen? Fragen über Fragen beschäftigen den Apostel. Wann endlich kommen Timotheus und Silas zurück und bringen Nachricht!

Gibt es nur schlechte Gemeindenachrichten?

Wie Mut machend und befreiend sind aber die Berichte, die Timotheus aus Thessalonich mitbringt! Paulus setzt sich sofort hin und schreibt voll Dankbarkeit den ersten Brief an diese junge Gemeinde. Dadurch bekommen wir einen kleinen Einblick in diesen erfrischenden Geschwisterkreis. Diesen Missionsbericht von Timotheus hätte ich gerne mitgehört. Wie begeistert muss er gewesen sein von den jungen Geschwistern in Mazedonien! Selbst in den wenigen Versen des 1. Thessalonicherbriefes, die davon berichten, spürt man noch etwas davon. Timotheus kann berichten, dass er bereits auf dem Weg durch die Provinzen Achaja und Mazedonien Berichte über Berichte hörte, wie die Thessalonicher zum Glauben gekommen waren, wie sie sich bekehrt hatten und nun Gott dienten.

Stell dir vor, du kommst in eine Gemeinde, die stadtbekannt ist ...

Weit über die Grenzen hinaus wird erzählt, was dort in Thessalonich vor wenigen Wochen geschehen war. Da sind Menschen, deren Leben sich total verändert hat. Von den römischen und griechischen Götzen haben sie sich radikal abgewandt und dem lebendigen Gott zugewandt. Und das ist sichtbar in ihrem Leben geworden. Nicht als eine neue Weltanschauung oder ein neuer Frömmigkeitstil, sondern als ein Glaube mit Inhalt, ein Glaube, der klare Zukunftserwartungen hat und ein Glaube, der in die Beine geht. Sie können nicht schweigen von dem, was sie erlebt haben. Lebendiger Glaube wird eben sichtbar!

Weshalb habe ich mich bekehrt?

Und ich frage mich: Was hat sich in meinem Leben bei und seit meiner Bekehrung getan? Was ist sichtbar geworden von einer radikalen Lebenswende und einem Kurswechsel in meinem Denken und Handeln? Was hat meine Umgebung von meiner Bekehrung? Was hat meine Verwandtschaft, was haben meine Arbeitskollegen, meine Freunde von meiner Bekehrung? Warum habe ich mich überhaupt bekehrt? Um einen Platz im Himmel zu haben oder um Gott zu dienen? Die Thessalonicher jedenfalls haben das begriffen. Sie hatten sich bekehrt,

> *„um dem lebendigen und wahren Gott zu dienen und seinen Sohn aus den Himmeln zu erwarten!“* 1. Thessalonicher 1,9-10

Was hat Gott eigentlich von meiner Bekehrung? Wirkt mein Christsein in meiner Umgebung überzeugend und lebe ich auf ein Ziel hin? Erwarte ich noch den Herrn Jesus? Paulus erklärt den jungen Gläubigen in kurzen Worten die zukünftigen Ereignisse, denn es kamen Fragen auf, als einige aus ihrer Mitte starben und sie nicht wussten, was in Zukunft auf uns Christen zukommt. In Kapitel 4,13-18 zeigt er, dass wir auf die so genannte Entrückung warten, bei der der Herr Jesus die Glaubenden zu sich holen wird und die, die bereits gestorben sind, mit uns zusammen zu sich in die Herrlichkeit „entrückt“, also von dieser Erde zu sich holt.

> *„Wir wollen euch aber, Brüder, nicht in Unkenntnis lassen über die Entschlafenen, damit ihr nicht betrübt seid wie die übrigen, die keine Hoffnung haben. Denn wenn wir glauben, dass Jesus gestorben und auferstanden ist, wird auch Gott ebenso die Entschlafenen durch Jesus mit ihm bringen. Denn dies sagen wir euch in einem Wort des Herrn, dass wir, die Lebenden, die übrig bleiben bis zur Ankunft des Herrn, den Entschlafenen keineswegs zuvorkommen werden. Denn der Herr selbst wird beim Befehlsruf, bei der Stimme ei-*

> *nes Erzengels und beim Schall der Posaune Gottes herniederkommen vom Himmel, und die Toten in Christus werden zuerst auferstehen; danach werden wir, die Lebenden, die übrig bleiben, zugleich mit ihnen entrückt werden in Wolken dem Herrn entgegen in die Luft; und so werden wir allezeit beim Herrn sein. So ermuntert nun einander mit diesen Worten."*

Das hatte der Herr Jesus Christus ja seinen Jüngern schon versprochen (Johannes 17,24):

> *„Vater, ich will, dass die, welche du mir gegeben hast, auch bei mir seien, wo ich bin, damit sie meine Herrlichkeit schauen."*

Diese wenigen Zeilen hätte er den Thessalonichern gerne noch erklärt, als er bei ihnen war. So kam es wohl zu einigen Missverständnissen darüber, so dass Paulus in seinem zweiten Brief auf die Dinge noch einmal eingehen muss, die vor allem die Ungläubigen betreffen, die bei der Entrückung nicht dabeisein werden und dann die Folgen auf der Erde erleben müssen: Der Abfall der Menschen von Gott und die Zeit der Drangsal unter dem so genannten „Antichristen" (2. Thessalonicher 2).

Auch heute bestehen leider in der Christenheit über diese Dinge große Unkenntnis und viele verdrehen und verwechseln manches, so dass sie in Bezug auf die Zukunft unsicher und beängstigt werden. Wenn wir aber gerade die Worte aus 1. Thessalonicher 4,13-18 verstehen, können unsere Herzen wirklich froh werden und der Aufforderung des Apostels folgen:

> *„So ermuntert nun einander mit diesen Worten."*

Paulus sagt, wenn er an seine Zukunft denkt, in diesem Gedankenzusammenhang in Philipper 1,23:

> *„Ich habe Lust abzuscheiden und bei Christus zu sein, denn es ist weit besser."*

Die Frage der Führung

Noch einen Punkt konnte der Apostel bei seinem kurzen Aufenthalt in Thessalonich nicht anschneiden, den er in seinem Brief nachholt: die Frage der Führung in der Gemeinde. Ich gehe in dem Buch „Heiße Eisen und Tabus in Gemeinden" ausführlich darauf ein (s. Buchhinweise am Ende des Buches). An dieser Stelle nur kurz das, was Paulus der jungen Gemeinde dazu sagt:

> *„Wir bitten euch aber, Brüder, dass ihr die anerkennt (oder: erkennt), die unter euch arbeiten und euch vorstehen im Herrn und euch zurechtweisen, und dass ihr sie ganz besonders in Liebe achtet um ihres Werkes willen."*
> 1. Thessalonicher 5,12-13

In Thessalonich hatten die Geschwister unschwer die Brüder erkennen können, die arbeiteten. Diese werden in jeder Gemeinde sofort sichtbar. Und jede Gemeinde kann diese Brüder in ihrer Mitte finden. Man braucht sie nicht zu wählen oder zur Wahl stellen. Gemeinde ist keine Demokratie. Autorität in der Gemeinde ist nach Gottes Gedanken immer Dienstautorität. Ein Ältester wird an seiner Arbeit erkannt, die er für den Herrn und die Geschwister tut. Die Geschwister in Thessalonich werden aufgefordert, ihre Ältesten in besonderer Liebe zu achten. Dieser Hinweis ist sicherlich gerade in der heutigen Zeit sehr wichtig, damit das Miteinander in der Gemeinde von Liebe und Fürsorge, von Verantwortung und Hingabe geprägt ist und zudem eine herzliche Offenheit untereinander zeigt.

Was passiert, wenn das Beispiel der Christen in Thessalonich bei uns Schule macht?

Eins wird mir bei dieser jungen dynamischen Gemeinde klar: Ihnen fehlte sicherlich noch manches an Belehrung, aber ihre Herzen brannten für ihren Herrn und ihr Glaube war ansteckend! Und ich möchte von ihnen lernen.

Fragen zum Nachdenken:

- Warum habe ich mich bekehrt? Was hat Gott davon? Was haben meine Mitmenschen davon?
- Sind mir die zukünftigen Ereignisse klar? Weiß ich, worauf ich als Christ warte?

Johannes 14
4. Und wo ich hingehe, das wisset ihr, und den Weg wisset ihr auch.
5. Spricht zu ihm Thomas: Herr, wir wissen nicht, wo du hingehst; und wie können wir den Weg wissen?
Der Weg zum Vater.
6. Jesus spricht zu ihm: Ich bin der Weg und die Wahrheit und das Leben; niemand kommt zum Vater denn durch mich.
7. Wenn ihr mich kenntet, so kenntet ihr auch meinen Vater. Und von nun an kennet ihr ihn und habt ihn gesehen.
8. Spricht zu ihm Philippus: Herr, zeige uns den Vater, so genügt uns.
9. Jesus spricht zu ihm: So lange bin ich bei euch, und
224
Gebet im Namen
Verheißung des Trösters

8.
Wir haben nichts als die Bibel
Zu Besuch in der Gemeinde in Beröa

Über Beröa berichtet die Bibel nicht viel. Und doch sind die wenigen Aussagen des Wortes Gottes von großer Bedeutung auch für uns heute.

Beröa, das heutige Verria, eine Stadt in der griechischen Provinz Südmazedonien, ca. 80 km von Thessalonich entfernt, wurde etwa im 5. Jahrhundert v. Chr. gegründet. Zur Zeit, als der Apostel Paulus auf seiner Flucht aus Mazedonien hier kurz Station macht, existiert in dieser wohlhabenden Stadt eine jüdische Kolonie. Von ihnen berichtet die Bibel:

> *„Sie waren edler als die in Thessalonich; sie nahmen mit aller Bereitwilligkeit das Wort auf und untersuchten die Schriften, ob dies sich so verhielte. Viele nun von ihnen glaubten, und von den griechischen vornehmen Frauen und Männern nicht wenige."*
> Apostelgeschichte 17,11-12

„Junge, du hast nur die Bibel! Mach's wie die Beröer, prüf alles an deiner Bibel!" Dieser Satz meines Vaters hat mich total geprägt und mir geholfen, Klarheit zu finden, wenn es um Fragen des Leben, der Gemeinde und der Lehre ging.

Es war während unserer Verlobungszeit. Der Diakon der süddeutschen Kirchengemeinde, zu der meine zukünftige Frau damals gehörte, hatte uns eingeladen. Wir saßen in seinem Wohnzimmer. Lebhaft und auch durchaus besorgt erkundigte er sich, in was für eine Gemeinde sein „Schützling" nach der Hochzeit gehen würde. Er wusste in der bayrischen „Diaspora" wenig über so genannte evangelikale Kreise. So fragte er intensiv, gezielt und differenziert nach der Art und Weise unserer Zusammenkünfte. Seine Bibelkenntnis und sein Engagement beeindruckten mich. Nachdem wir eine Zeitlang miteinander gesprochen hatten, machte er eine kurze Pause, sein Blick klärte sich - gerade so, als habe er die Lösung eines Rätsels gefunden. Dann meinte er nach-

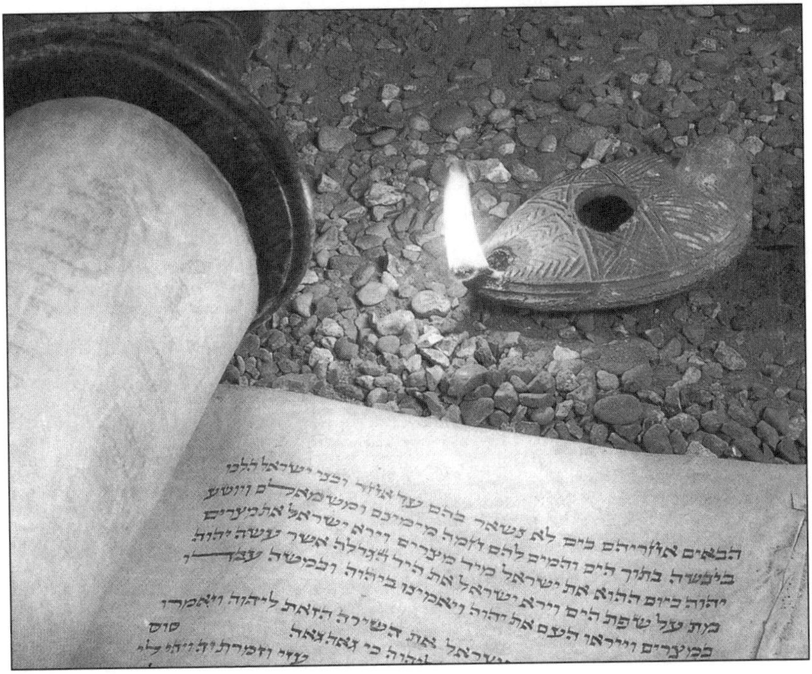

denklich: „Ich glaube, ich weiß, wie ihr euch in eurer Gemeinde versammelt! Ihr nehmt die Bibel wörtlich!"

„O ja!", antwortete ich. „Das ist unser ganzer Wunsch." „Dann", so fuhr er fort, „kann ich euch sagen, wie eure Zusammenkünfte stattfinden!" Es war erstaunlich, wie er nun unsere Gemeinde beschrieb, ohne sie zu kennen, allein anhand dessen, was er aus seiner Bibel wusste. Umso erschreckender war seine Zusammenfassung: „Ja, so müsste es sein, wenn man die Bibel wörtlich nimmt - aber das will ich nicht! Ich bleibe bei den überkommenen Lehrauffassungen meiner Kirche!"

An diesem Tag ist mir bewusst geworden, wie entscheidend für alle Fragen der Gemeinde, der Lehre und des praktischen Glaubenslebens die grundsätzliche Haltung zur Bibel, dem Wort Gottes, ist.

Eine weitere Begebenheit prägte meine Überzeugung des biblischen Gemeindebildes. Es war einige Jahre später. Durch eine Initiative für Vorschulkinder hatten wir in der Nachbarschaft Kontakt zu einigen jungen Familien und waren mit ihnen ins Gespräch gekommen. Über Fragen der Kindererziehung ist es nicht schwer, auch bald auf Maßstäbe und Grundsätze und damit auf die Bibel als die Basis unseres Glaubens und unserer Lebenseinstellung zu kommen. Vieles von dem, was wir ihnen sagten, muss ihnen neu und unbekannt vorgekommen sein. So wandten sie sich an den Pastor ihrer Kirchengemeinde und begannen, ihn mit Fragen zu „löchern". Der wiederum wollte sich bei uns direkt sachkundig machen, und so luden wir ihn mit seiner Frau zum Abendessen ein. Auch bei ihnen gab es erstauntes Nachfragen bezüglich unseres Bibel- und Gemeindeverständnisses. Und auch hier war die gleiche Schlussfolgerung zu finden: „Dann machen Sie es wohl offensichtlich so, wie es in den ersten neutestamentlichen Gemeinden praktiziert wurde: Sie nehmen die Bibel wörtlich."

Nun könnte manch ein Leser fragen: Seid ihr denn überzeugt, dass die Gemeinde, zu die ihr geht, die einzig richtige Gemeinde ist?

Der Professor einer kirchlichen Hochschule, ein mir lieb gewordener und hochgeschätzter Bruder im Herrn, sagte mir vor einiger Zeit: „Ich bin in all den Jahren davon überzeugt gewesen, dass es auch heute möglich sein müsste, sich als Gemeinde nach den Prinzipien des Neuen Testamentes zu versammeln. Ich habe viele Gemeinden und Gemeinschaften, Kirchen und Freikirchen besucht, doch nirgendwo hab ich sie gefunden. Ihr kommt dem neutestamentlichen Muster aber sehr nahe."

Jemand sagte es vor Jahren während einer Evangelisation so: „Wenn Sie die vollkommene Gemeinde suchen - die vollkommene Gemeinde gibt es hier auf der Erde nicht. Sollten Sie jedoch meinen, sie gefunden zu haben, treten Sie ihr nicht bei! Sie wäre dann nämlich nicht mehr vollkommen!"

William MacDonald drückte diesen Umstand auf einem Seminar einmal so aus: „Wir wissen, dass wir, solange wir hier auf der Erde sind, auch in unserem Bibel- und Gemeindeverständnis irren werden. Doch ist es unser Wunsch und Bemühen, wenn wir irren, lieber so nah wie möglich an der Schrift zu irren als weit von ihr weg!"

Wir wollen von den Christen in Beröa lernen, nicht an überkommenen Traditionen und Auffassungen zu hängen und sie über die Aussagen der Schrift zu stellen, sondern uns immer wieder neu auf die Grundlagen des Wortes zu besinnen, zu prüfen und unseren Standpunkt nur darauf zu gründen: „Es steht geschrieben!"

Fragen zum Nachdenken:

- Handle ich nach gefühlsmäßigen Empfindungen und überlieferten Traditionen oder überprüfe ich mich und die Lehre der Gemeinde immer wieder neu anhand des Wortes Gottes?
- Kann ich meinen Standpunkt mit der Bibel begründen?

Athen, Parthenon-Tempel

9. Gemeinde im Spannungsfeld der Religionen

Zu Besuch in Athen

Große Fürsorge hatte der Apostel Paulus von den jung zum Glauben gekommenen Beröern erlebt. Als die Verfolgung durch die Juden aus Thessalonich nach Beröa übergriff, sorgten die Brüder der dort entstandenen jungen Gemeinde, dass der Apostel sicher und bewahrt weiterreisen konnte. Nicht nur, dass sie ihn sicher aus der Stadt brachten, einige begleiteten ihn sogar an der weniger belebten Küstenstraße entlang bis nach Athen.

Als sie sich dort von ihm verabschieden, bittet er sie, dass sie bei ihrer Rückkehr Timotheus und Silas, die in Beröa geblieben waren, so bald wie möglich nachsenden möchten (Apostelgeschichte 17,14-15). Kurz darauf kommen sie. Da sie aber in Unruhe sind, wie es der jungen Gemeinde in Thessalonich geht, schickt er sie von Athen aus zurück, damit sie ihm Nachricht aus Mazedonien bringen können (1. Thessalonicher 3,1).

So betritt der Apostel allein die große und berühmte Stadt der Griechen, Hauptstadt der Provinz Achaja. Bereits seit dem Jahr 146 v. Chr. ist diese Stadt, die nach der griechischen Göttin Athene benannt ist, Freistadt. Das heißt, sie hat eine eigene Stadtverwaltung. Als eine der drei großen Universitätsstädte im Römischen Reich neben Tarsus und Alexandria, gilt sie seit Jahrhunderten als die berühmteste Stätte der Weisheit und Kultur des Altertums. Die Höhe ihrer wirtschaftlichen und wissenschaftlichen Blüte ist zwar überschritten - das unangefochtene Handelszentrum ist inzwischen Korinth, die Wissenschaft ist in Alexandria zu Hause - und doch: Der Reichtum und

Geldmünze (Dekadrachmon) mit dem Bild der Göttin Athene; auf der Rückseite die Abbildung einer Eule, des Symbols der Weisheit (vgl die Wendung „Eulen nach Athen tragen")

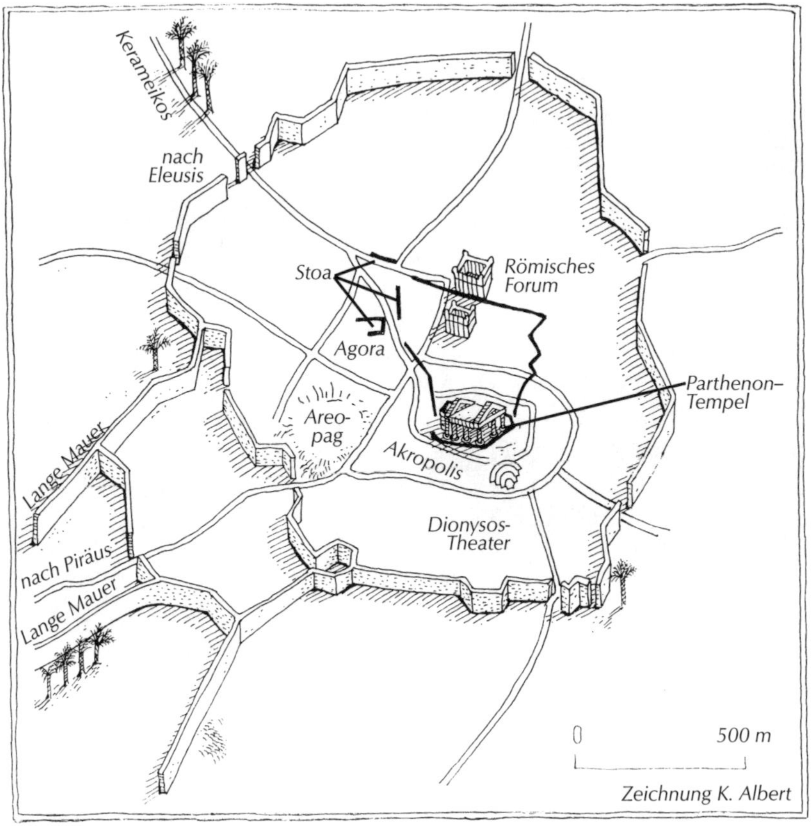

die kolossalen Gebäude dieser Stadt beeindrucken jeden Reisenden.

Wie schauen wir uns eine fremde Stadt an?

Offensichtlich nimmt sich Paulus viel Zeit, diese Stadt zu erkunden und sich auch in Bezug auf ihre Geschichte sachkundig zu machen. Er versteht sich nicht so sehr als Tourist, der ein wenig „Sight-Seeing" macht und die Sehenswürdigkeiten erkundet, nein, er will die Menschen und ihren Hintergrund verstehen lernen, um sie ihrem Verständnis und Lebensgefühl ent-

sprechend mit dem Evangelium zu konfrontieren. Überragt wird das Stadtbild Athens von der mächtigen Akropolis, ein 156 Meter hoher Hügel, der bereits im 3. Jahrhundert v. Chr. besiedelt war. Seit 1500 v. Chr. hatte zunächst hier eine Burg gestanden, dann wurden die ersten Tempel errichtet.

Als der Apostel diese Stadt betritt, reiht sich hier ein Heiligtum ans andere (Apostelgeschichte 17,17): das Hekatompedon, der Pantheon-Tempel, das Erechthaion, der Artemis- und der Athene-Tempel. Auf einem freien Platz steht das riesige Standbild der Athene Promachos, deren goldenen Helm und Speer Paulus bereits vom Meer aus hatte sehen können.

Der Geschichtsschreiber Plinius berichtet, dass Athen etwa 3000 Götterbilder beherbergte, unter anderem den in Apostelgeschichte 17,23 erwähnten Altar „dem unbekannten Gott“, der an der Straße zum Hafen stand (Vergl. Info auf Seite 131).

Akropolis mit Parthenon-Tempel

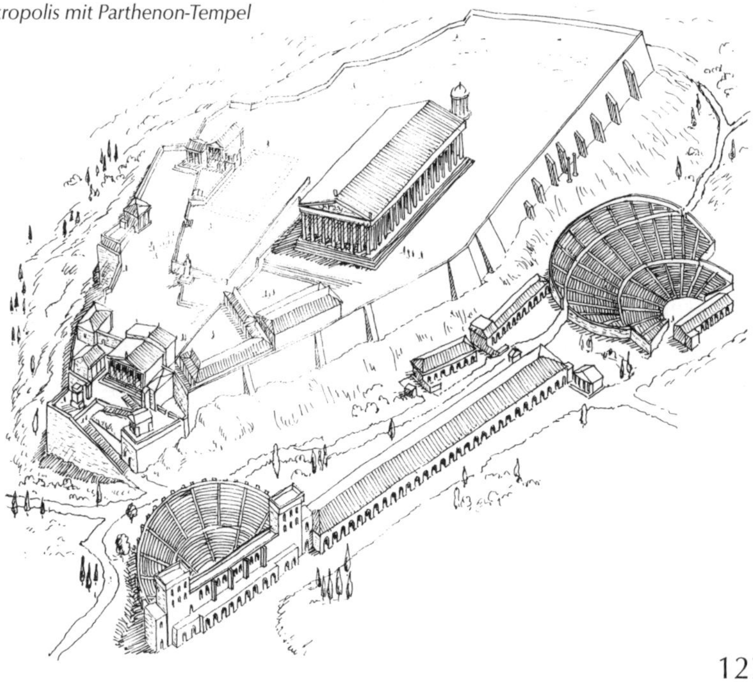

Pythagoras, 578-496 v.Chr.
Mystiker, glaubt an eine Reinkarnation

Sokrates, 469-399 v.Chr.
Der Mensch ist Mittelpunkt

Plato, 428-347 v.Chr.
Fordert die Auflösung der Familie

Was kann mich noch im Inneren erregen?

Die Bibel berichtet, dass Paulus' Geist innerlich erregt wird, als er die Stadt voll von Götzenbildern sieht - und ich frage mich: Wie schaue ich mir eine fremde Stadt oder meine Heimatstadt an. Wodurch werde ich erregt? Bewegt es noch mein Herz, die Gottlosigkeit unserer Zeit zu sehen? Oder habe ich mich bereits so daran gewöhnt, dass es mich gleichgültig lässt und ich es gar nicht mehr wahrnehme? Wie furchtbar sind die Innenstädte unseres Landes heute! Wie viel Sittenlosigkeit springt uns da tagtäglich an: Von Plakatwänden und Zeitschriftenläden, in Kinos oder Internet-Cafes, in Bars oder Nachtclubs! Wie viel Unmoral: Ob in Eros-Zentren, Spielhallen, Video- und Tattoo-Läden. Wie viel Ungöttliches: In Esoterik-Veranstaltungen, in Theatern und Schauspielhäusern - vielfach sogar vom Staat gefördert. Selbst fast jeder normale Lebensmittelladen führt Zeitschriften, CDs oder Videos, die sittengefährdend sind, und Suchtmittel, die man als gesellschaftsfähig einstuft. Fixerstuben und öffentliche Automaten für Drogen-Spritzen und Präservative. In was für einer Welt leben wir! Lässt uns das kalt? Kann unser Herz noch einmal innerlich bewegt werden über all die Menschen, die verloren gehen?

Aristoteles, 384-322 v.Chr. Erzieher von Alexander dem Großen

Die Stoa, Treffpunkt der Stoiker

Die philosophischen Strömungen Griechenlands

Seit dem 6. Jahrhundert v. Chr. begann die griechische Philosophie der sog. Vor-Sokratiker mit den Überlegungen über das Universum.

- ***Pythagoras*** *(578-496) war einer der ersten Philosophen. („Das Hypotenusenquadrat ist die Summe der beiden Kathetenquadrate"). Er entdeckte auch die Zusammenhänge zwischen Zahlen und Tonleitern. Er vermutete bereits, dass die Erde rund sei. Er war nicht nur Mathematiker, sondern auch Mystiker. Er glaubte an Reinkarnation und stellte verschiedene Speisegebote auf.*
- ***Für Sokrates*** *(469-399) stand nicht das Universum, sondern der Mensch im Mittelpunkt. Er befragte alle Menschen, um das menschliche Verhalten zu erforschen. Er wurde vom griechischen Senat wegen seines Atheismus und der Verführung der Jugend zum Tode verurteilt.*
- ***Plato*** *(428-347) schrieb die Gedanken Sokrates' auf und gründete 387 die erste „Universität" (Akademie genannt) in Athen. Im Gegensatz zur Demokratie, die Sokrates verurteilt hatte, entwarf Plato die Staatsform der Republik. Er forderte u.a. die Auflösung der Familie und die gemeinsame Erziehung von Jungen und Mädchen. Am Ende seines Lebens kehrte er zu konservativeren Ideen zurück.*
- ***Aristoteles*** *(384-322) wurde der Erzieher von Alexander dem Großen.*
- ***Die Stoiker*** *(Von Stoa = Säulenhalle in Athen, wo sie sich versammelten, Schüler Zenos 350-260). Späte Stoiker waren Seneca und Mark Aurel. Sie waren - wie viele griechische Philosophen - Pantheisten. D.h. sie glaubten, dass die ganze Welt von Gott durchdrungen sei. Dieser Gott aber sei ein unpersönlicher Gott. Die Gleichheit der Menschen entstände durch die Übereinstimmung mit den Naturgesetzen (**Vgl. die Predigt des Paulus**).*
- ***Die Epikuräer*** *(Epikur 342-270), hielten das Streben nach Lust und Sinngenuss für das höchste Gut (**Vgl. die Predigt des Paulus**).*

Was sind unsere Götter?

Wir leben heute in einer Zeit, die von ähnlicher Toleranz wie damals in Athen geprägt ist. Alle Altäre und Tempel der verschiedenen Gottheiten stehen - sinnbildlich gesprochen - nebeneinander. Weltanschauliche, religiöse und politische Strömungen und Systeme haben nebeneinander Platz. Im Zuge der Globalisierung geht es über die Ökumene zum gemeinsamen Gebet der Religionen. Polytheismus, Schamanismus und Pantheismus sind keine Fremdwörter mehr. Ob New Age, Esoterik oder alternativer Lebensstil, ob Buddhismus, Shintoismus oder der Kalachakra des Dalei Lama: Der Mensch meint durch den Einklang mit der Natur sein eigenes Selbst finden zu können. Was ist aus dem Christlichen Abendland geworden, dem Land der Reformation und der Erweckungen!?

Aber nicht nur die uns umgebenden Strömungen und Tendenzen gleichen dem Stadtbild des antiken Athen. Was sind unsere Götzen? Das, was ich in meinem Herzen als kostbar empfinde und wofür ich bereit bin, Opfer zu bringen, das ist mein Götze. Das wird mein Denken und Trachten bestimmen und meine Entschlüsse beherrschen. Ob es der Lebensstandard, der Sport oder mein Hobby ist. Macht, Ehre, Geld - was bestimmt meinen Alltag? Gott warnt schon in 2. Mose 20,3:

> *„Du sollst keine anderen Götter neben mir haben!“*

Mit Menschen ins Gespräch kommen

Paulus geht durch die Unterstadt: Tempel, Märkte, Regierungsgebäude, Gymnasien und Schulen, in denen die Philosophen lehren. Athen ist eine quirrlige Stadt. Hier findet er auch eine Synagoge, in der er mit etlichen reden kann (Apostelge-

Altar des unbekannnten Gottes

Es war im Jahr 51 n. Chr., als der Apostel Paulus nach Athen kam. In der Stadt gab es damals eine Vielzahl von Götterstatuen und Tempeln. Der griechische Schreiber Petronius sagte über die Stadt: „Es ist leichter, in Athen einen Gott zu finden als einen Menschen."

Als Paulus durch die Straßen ging, fand er einen Altar, der „dem unbekannten Gott" gewidmet war. Diesen Altar benutzte Paulus in seiner Rede auf dem Areopag als Anknüpfungspunkt, um den Athenern das Evangelium von dem wahren Gott zu bringen. Welchem Gott war dieser Altar gewidmet?

Nach der antiken Geschichtsschreibung soll Athen im 6. Jhdt. v. Chr. von einer schlimmen Seuche heimgesucht worden sein, an der viele Athener starben. Diese Seuche war Strafe eines Gottes für ein schlimmes Verbrechen. Die Athener hatten ihren vielen Göttern Sühnopfer gebracht, um die Strafe abzuwenden. Eine Orakelpriesterin verkündigte ihnen jedoch, dass ein bestimmter Gott noch nicht zufriedengestellt sei. Welcher Gott dies war, wussten die Athener nicht.

Zur gleichen Zeit lebte auf der Insel Kreta ein Dichter mit Namen Epimenides. Auf Anraten der Orakelpriesterin holten die Athener Epimenides nach Athen und fragten ihn um Rat. Epimenides gebot den Athenern folgendes: Am frühen Morgen sollten sie eine Herde Schafe, Steinmetze sowie Mörtel und Steine zum grasbewachsenen Abhang des Areopag bringen. An allen Stellen, wo sich Schafe im Gras niederliessen, sollten sie einen Altar errichten, um das Schaf dem „unbekannten Gott" zu opfern. Epimenides erklärte den Athenern den Grund dafür: „Es gibt einen Gott, der euch - trotz eurer vielen Götzenstatuen - nicht bekannt ist. Dieser Gott hat mit der Seuche zu tun, die Athen befallen hat. Aber er ist groß und gütig genug, zu helfen und wird über eure Unwissenheit, wie man ihm richtig begegnet, hinwegsehen, wenn ihr ihn anruft."

Die Athener folgten dem Rat des Epimenides. Da es früher Morgen war, erschien es ausgeschlossen, dass sich ein Schaf niederlegen würde anstatt das frische Gras zu fressen. Und doch geschah es, dass eine ganze Reihe Schafe sich ins Gras niederlegte. Nachdem die Steinmetze an den betreffenden Stellen Altäre errichtet hatten, wurden die Schafe geopfert. Die Steinmetze versahen die Altäre mit der Inschrift „dem unbekannten Gott". Schon am nächsten Tag ging die Seuche zurück. Nach einer Woche waren die Erkrankten wieder gesund. (Detalliert: Don Richardson, „Ewigkeit in ihren Herzen". S. 19 ff.)

Einer dieser Altäre stand noch, als Paulus in Athen war. Indem Paulus sich in seiner Rede auf diesen Altar bezog, knüpfte er an das Verständnis der Athener an, denen die Vorgeschichte ja bekannt war. Er machte ihnen deutlich, dass dieser Gott, den sie verehrten, ohne ihn zu kennen, der Schöpfer von Himmel und Erde ist, dass er den Menschen gebietet, Buße zu tun, und dass er durch Jesus Christus Gericht halten wird (Apostelgeschichte 17, 23.30-31).

Arnd Bretschneider

schichte 17,17). Dann geht er am Fuß der Akropolis weiter: Im Süden das Theater, im Westen der Areopag, im Norden die Agora, ein Marktplatz, der mit mächtigen Säulenhallen umgeben ist (s. Stadtplan Seite 125). Das ist ein interessanter Platz, hier halten sich offenbar täglich die Athener auf. Jeder redet mit jedem. Nachrichten, Gerüchte, neue Lehren und Philosophien werden hier ausgetauscht. Paulus kommt mit ihnen leicht ins Gespräch, interessiert hören sie ihm zu. Allem Neuen gegenüber sind sie sehr aufgeschlossen. Aber hinterfragen auch alles. Besonders die Intellektuellen der Stadt, die Philosophen, diskutieren heiß und heftig mit ihm über alles und nichts.

Ein Christ in der Öffentlichkeit

Zur Zeit des Apostels sind in Athen insbesondere vier philosophische Lehrrichtungen vertreten: Die Platoniker, die Aristoteliker, die Stoiker und die Epikuräer (s. Info-Kasten auf Seite 129). Insbesondere die letzten beiden kritisieren ihn heftig und verspotten ihn, zerren ihn - am Justizgebäude vorbei die große Freitreppe hinauf - auf den Areopag, einen größeren Platz, der dem griechischen Kriegsgott Ares geweiht worden ist. Hier werden in der Regel jeweils nach einer Gerichtsverhandlung öffentlich die Urteile gesprochen. Hier wird jede Neuigkeit diskutiert. Die Bibel schildert dies so:

> *„Alle Athener aber und die Fremden, die sich da aufhielten, brachten ihre Zeit mit nichts anderem zu, als etwas Neues zu sagen und zu hören."* Apostelgeschichte 17,21.

Ein öffentlicher Platz also, auf dem Paulus aufgefordert wird, seine Lehre zu entwickeln. So geht Paulus in seiner Argumentation insbesondere auf ihre Lehren und Weltanschauungen

Zitate griechischer Philosophen in Reden und Briefen des Apostel Paulus:

1. Korinther 15,33:	„Schlechte Gefährten verderben gute Sitten." (Meander, 342-292 v.Chr.)
Titus 1,12:	„Die Kreter sind immer Lügner, böse Tiere und faule Bäuche." (Epimedes in „Oraculis")
Apg 17,16-34:	„Wir sind sein Gebein" (Aratus in „Phainomena", 270 v.Chr.) „In ihm leben, weben und sind wir." (Kleanthes, auch bei Epimedes)

ein und knüpft an das an, was er in der Stadt gesehen hatte. Es ist interessant, daraufhin die Predigt des Apostels zu untersuchen (Apostelgeschichte 17,22-31):

Merken wir, wie Paulus bei dieser Ansprache vorgeht? Wir können daraus für unsere Verkündigung nur lernen:

1. **Standortbestimmung der Zuhörer:** Er greift die religiösen Empfindungen der Athener auf und spricht sie direkt und persönlich an.
2. **Dann folgt die eigentliche Verkündigung:** Da seine Zuhörer weder den Gott der Bibel kennen noch den Sohn Gottes, Jesus Christus, fängt er mit der Beschreibung Gottes als Schöpfer und Erhalter an und zeigt auf, dass der Mensch für die Gemeinschaft mit ihm geschaffen ist. Von daher ist jede Verirrung in Götzendienst Sünde und muss von Gott gestraft werden. Dieses Gericht ist unaufschiebbar und unausweichlich.
3. **Den Schluss seiner Predigt bildet die logische Folgerung** daraus: Gott bietet Errettung durch Buße an. Wer sie ablehnt, muss aber die Konsequenzen dafür tragen.

Dabei behandelt Paulus fünf Schwerpunkte in dieser Predigt vor den Intellektuellen Athens:

1. **Woher kommt der Mensch?** Paulus gibt drei Antworten: Gott hat die Ewigkeit ins Herz gelegt. Gott gibt das Leben. Gott hat aus einem Blute alle Menschen gemacht.

2. **Wer ist Gott?** Paulus stellt ihn als den Schöpfer der Welt und des Menschen vor.
3. **Wo ist Gott?** Der Apostel zeigt Gottes unmittelbare Nähe zu jedem Menschen auf, dass er der Herr über Himmel und Erde ist und in keinem irdischen Tempel wohnt.
4. **Welchen Anspruch hat Gott an mich?** Er ist nicht auf uns Menschen angewiesen, da er alles in allem ist. Aber er befiehlt den Menschen, Buße zu tun. Sonst wird er Gericht üben, und der Termin und auch der Richter dazu stehen bereits fest.
5. **Werde ich dem Anspruch Gottes gerecht?** Paulus stellt seine Zuhörer vor die Entscheidung. Er biedert sich also nicht an, sondern geht bewusst auf Konfrontation!

Die Reaktionen der Zuhörer

> *„Als sie aber von Toten-Auferstehung hörten, spotteten die einen, die anderen aber sprachen: Wir wollen dich darüber auch nochmals hören. So ging Paulus aus ihrer Mitte hinweg. Einige Männer aber schlossen sich ihm an und glaubten, unter denen auch Dionysius war, der Areopagit, und eine Frau mit Namen Damaris und andere mit ihnen."*
> Apostelgeschichte 17,32-34

Das ist charakteristisch für eine klare Evangeliums-Verkündigung bis heute: Sie bewirkt bei den Zuhörern eine klare Scheidung der Geister! Die eine Gruppe lehnt ab: Sie lästert. Die zweite Gruppe verschiebt die Entscheidung auf unbestimmte Zeit. Die dritte Gruppe glaubt.

Es wird hier zwar nicht ausdrücklich davon berichtet, dass eine Gemeinde in Athen entstanden ist, aber man geht sicher nicht fehl in der Annahme, da einige Gläubige genannt werden, unter ihnen ein Angehöriger des Athener Gerichtshofes.

Diese Verkündigung in Athen ist bemerkenswert, da wir ihn hier - und das ist die Ausnahme bei dem Apostel - als Einzelkämpfer erleben. Wir können einen guten Einblick nehmen, mit welch offenen Augen er seine Umgebung sieht und wie er sich auf die Situation vor Ort einstellt. Ob wir für uns heute aus seinem Vorgehen lernen können?

Fragen zum Nachdenken:

- Habe ich mich an den Zustand meiner Umgebung gewöhnt oder kann mich der verlorene Zustand meiner Mitbürger noch innerlich erregen?
- Wie kann ich, wie können wir unsere Mitmenschen heute mit dem Evangelium „da abholen“, wo sie stehen?

Korinth, Apollo-Tempel

10.
In der Rennbahn des Glaubens
Zu Besuch in der Gemeinde in Korinth

Der nächste Ort, dem das Evangelium gebracht wird, ist Korinth. 80 km wandert der Apostel Paulus nach Westen, nachdem er Athen das Wort Gottes gebracht hat, und kommt in eine sittenlose Stadt - ähnlich Antiochien.

Besuchen wir mit dem Apostel diese Stadt und erleben wir mit, wie eine große Gemeinde entsteht - mit all ihren Schwierigkeiten, ihren inneren und äußeren Kämpfen.

Werfen wir zunächst einen Blick in ihre Vergangenheit:

Die Geschichte Korinths

Diese Stadt bekam schon sehr früh große Bedeutung durch ihre hervorragende Lage an der Bucht von Kenchreä. Sie lag auf dem flachen Verbindungsstück zwischen dem griechischen Festland und der südlichen Halbinsel, dem Peleponnes. Um 300 v. Chr. gründeten die Dorer hier auf den Resten einer früheren Siedlung an der Peirene-Quelle bereits eine Stadt. Sie zog Menschen aller Nationalitäten an. Überragt wurde Korinth durch einen steilen Felsen, den Akrokorinth (600 m hoch und ca. 500 m im Durchmesser), auf dem die Akropolis (Burg) und ein Tempel der Aphrodite (Göttin der Liebe) standen. 146 v. Chr. wurde Korinth durch die Römer zerstört. Im Jahr 44 v. Chr durch Cäsar aber neu gegründet und aufgebaut.

Die Lage am Isthmus von Korinth mit den beiden Häfen, Lechäon im Westen und Kenchreä im Osten (auch hier entsteht eine Gemeinde, vgl. Römer 16,1) machten Korinth zu einer der größten Hafenstädte im Mittelmeerraum. Hier entstand der bevorzugte Umschlagplatz zwischen Ost und West (Okzident und Orient).

Um den weiten Weg rund um den Peleponnes zu vermeiden, wurden die Handelsschiffe in Kenchreä entladen, über eine 6 km lange Schleppbahn auf einem Rollbock über Land

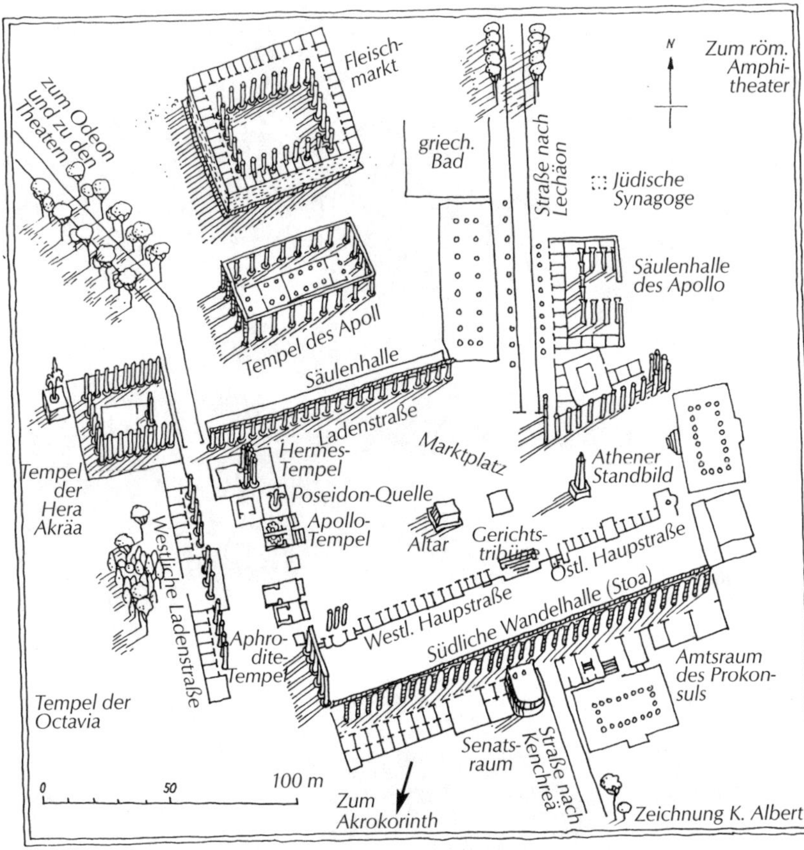
Fleisch-
markt
zum Odeon
und zu den
Theatern
griech.
Bad
Straße nach
Lechäon
N
Zum röm.
Amphi-
theater
Jüdische
Synagoge
Säulenhalle
des Apollo
Tempel des Apoll
Säulenhalle
Ladenstraße
Marktplatz
Hermes-
Tempel
Poseidon-Quelle
Apollo-
Tempel
Altar
Gerichts-
tribüne
Athener
Standbild
Tempel
der
Hera
Akräa
Westliche Ladenstraße
Westl. Hauptstraße
Östl. Hauptstraße
Südliche Wandelhalle (Stoa)
Aphro-
dite-
Tempel
Amtsraum
des Prokon-
suls
Tempel der
Octavia
Senats-
raum
Straße nach
Kenchreä
0
50
100 m
Zum
Akrokorinth
Zeichnung K. Albert

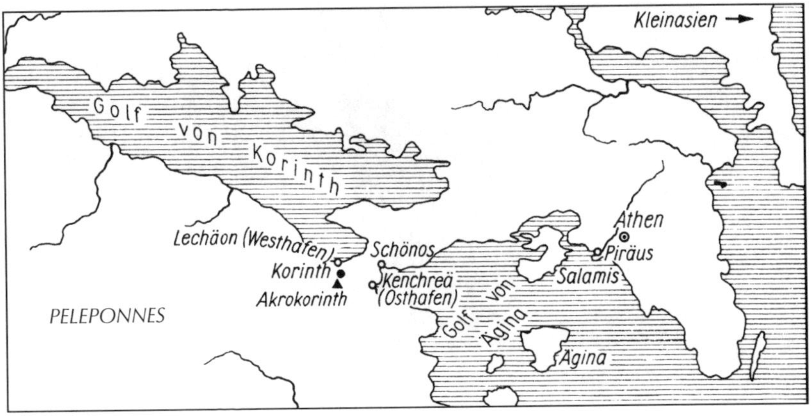
Kleinasien
Golf von Korinth
Athen
Piräus
Lechäon (Westhafen)
Schönos
Korinth
Akrokorinth
Kenchreä
(Osthafen)
Salamis
PELEPONNES
Golf von Ägina
Ägina

Korinth, Ladenstraße

Korinth, antiker Laden

Der Kanal von Korinth

Korinth, Akrokorinth

nach Lechäon gezogen(!) und dort wieder zu Wasser gelassen. Das ersparte den Seeleuten einen Weg von 325 km, der sehr gefährlich war. Nicht umsonst hieß das Sprichwort damals: „Wer Kap Malea umschiffen will, sollte sein Testament machen ..."

Deshalb wollte bereits Cäsar einen Kanal graben lassen, aber erst Kaiser Nero (54-68 n. Chr.) führte am Westende (Lechäon) den ersten Spatenstich mit einer goldenen Schaufel durch. Es ist durchaus möglich, dass dieses Ereignis in der Zeit stattfand, als der Apostel zum zweiten Mal diese Stadt besuchte. Römische Soldaten und 6000 von Vespasian gefangen genommene Juden arbeiteten hart an diesem Werk. Aber schon mit Neros Tod am 8. Juni 68 stockte die Arbeit, nachdem kaum ein Fünftel des Weges geschafft war. Die heutige Trasse verfolgt die gleiche Strecke, die bereits Nero abgesteckt hatte. Der Kanal von Korinth wurde erst im Jahr 1893 eröffnet. Er ist 33 m breit und 6,3 km lang.

Korinth z. Zt. des Apostels

Umfangreiche Ausgrabungen haben deutlich gemacht, dass

Korinthisches Wagenrennen

Korinth wirklich eine moderne, bedeutende und reiche Weltstadt gewesen ist. Flächenmäßig war sie die größte Stadt Griechenlands (4 km^2 Fläche mit 10 km Stadtmauer). Im Jahr 29 v. Chr. hatte Augustus sie zum Sitz eines römischen Prokonsuls (vgl. Apostelgeschichte 18,2) und zur Hauptstadt der Provinz Achaja gemacht.

Das Evangelium kommt nach Korinth

Es ist das Jahr 51 nach Christus. Unruhig geht Paulus durch die große, sittenlose Hafenstadt auf dem griechischen Peleponnes. Die großen Tempelbauwerke, der Akrokorinth und die riesigen Sport-Arenen scheinen ihn weniger zu beeindrucken als die abstoßende Sittenlosigkeit dieser Stadt. Er ist allein. Seine beiden Begleiter Silas und Timotheus hat er nach Thessalonich zurückgeschickt, damit sie ihm Nachricht brächten, wie es den Gläubigen in Mazedonien geht. Hier in Korinth wollen sie wieder aufeinander treffen. Paulus schaut sich um:

Etwa 700.000 Einwohner (davon ca 500.000 Sklaven!) leben in dieser Stadt: Sklaven, Freigelassene, Kaufleute, Intellektuelle, Seeleute, Aristokraten, Arme, Ungebildete, Einflussreiche. Es gibt hier Menschen aus aller Herren Länder, auch eine große jüdische Gemeinde mit einer Synagoge findet Paulus nördlich des eigentlichen Stadtzentrums.

Am Marktplatz findet er Arbeit bei einem Zeltmacher, der kurz zuvor aus Rom fliehen musste, weil Kaiser Claudius (41-54) alle Juden aus der Hauptstadt vertrieben hatte. Damit ist der tägliche Lebensbedarf für Paulus vorerst gesichert. Man kann sich sehr gut vorstellen, wie der Apostel hier in einem der offenen Ladengeschäfte mit Aquila und Priszilla seinem Handwerk nachgeht und so mit vielen Leuten in Kontakt und ins Gespräch kommt.

Ausgehend vom großen Marktplatz, der Agora, ziehen sich ausgedehnte Ladenstraßen nach Nordwesten Richtung Lechäon (Westhafen) und nach Südosten Richtung Kenchreä (Südhafen). Gegenüber der Stelle, wo die Straße von Lechäon auf den Marktplatz führt, erheben sich die großen Torhallen (Propyläen) und die Bema, die imposante gemauerte Gerichtstribüne. Dort muss sich Paulus später vor dem Prokonsul Gallion verantworten (Apostelgeschichte 18,12).

Dort am Marktplatz befinden sich auch die großen Philosophenschulen, die Nord- und die Südstoa (Stoa = Wandelhallen; vgl. 1.Korinther 1: die Weisheit der Welt). Wie oft mag Paulus mit ihnen gesprochen haben, und welch ein Gegensatz bilden seine Lehren gegenüber den berauschend schönen Worten der Philosophen. Nicht umsonst verachten sie die einfachen Worte des Apostels.

Unter ihnen finden sich Platoniker, Epikuräer und Stoiker (s. Athen, Seite 129), Skeptiker und Kyniker (von kynos = Hund). Letztere wollten ganz einfach ohne weltliche Genüsse leben. Der Bekannteste von ihnen war Diogenes von Sinope (403 - 323 v. Chr.). Er lebte in Korinth in einer Tonne. Er besaß nur ei-

Korinthischer Boxkampf

nen Mantel, einen Stab und eine Tasche. Er wurde dadurch bekannt, dass er am hellichten Tag mit einer Lampe durch Korinth ging, um einen ehrlichen Menschen zu finden. Er machte sich lustig über die übertriebene Aufmerksamkeit, die auf Musik, Sport und Mathematik verwendet wurde. „Fürchte nichts, begehre nichts, besitze nichts", war sein Motto.

Die Sportwettkämpfe von Isthmus

Berühmt wurde Korinth aber auch durch die **Isthmusspiele** (vgl. das Gedicht „Die Kraniche des Ibikus"), die von Poseidon gestiftet worden waren. Benannt wurden diese Spiele nach dem kleinen Dorf Isthmus in der Nähe von Korinth. Alle 2 Jahre wurden hier im Frühjahr Sportwettkämpfe durchgeführt: Wettlauf, Boxen, Wagenrennen. 10 Monate lang wurde trainiert. Der Sieger wurde feierlich gekrönt. Im Gegensatz zu Olympia durften hier in Korinth Frauen als Wagenlenkerinnen an den Spielen teilnehmen. Von weither kamen die Wettkämpfer und die Zuschauer angereist. Ein buntes Völkergemisch beherrschte die Stadt. Paulus geht in seinem Brief an die Gemeinde in Korinth darauf ein. Diese Bilder und Vergleiche sind für die Gläubigen dieser Stadt deshalb gut verständlich (vgl. 1. Korinther 9,24-27).

Viele **Tempel** prägen das Stadtbild und machen die Religionsvermischung deutlich (Tempel für Melkart, Isis, Serapis, Zeus, Apollo, Aphrodite, Asklepios, Kybele, Jupiter, Poseidon, Oktanz, Demeter u.a.). Götzenopferfleisch wird auf dem Markt verkauft oder gleich im Tempel gegessen. Auf diese Punkte geht der Apostel in 1. Korinther10 ein.

Sehr einflussreich ist besonders der Aphrodite-Kult, der auf dem Felsen von Akrokorinth heimisch ist. Nach Angaben des römischen Historikers Strabo standen etwa 1000 Frauen als Tempelprostituierte bereit. Sie dienten als wichtigste Einnahmequelle der Stadt. Die moralische Situation wird dadurch deutlich gekennzeichnet. Platon sprach in seinen Werken, wenn er über Prostitution schrieb, immer von „korinthischen Mädchen". Ausschweifendes Leben und Sittenlosigkeit wird auch noch bis heute als „korinthisches Leben" bezeichnet. Zwei große Theater mit ca. 18.000 Sitzplätzen zeigen Lustspiele von niedrigstem Niveau. Paulus zitiert deshalb in 1. Korinther 15,33 aus einem Theaterstück des Meander: *„Böser Verkehr verdirbt gute Sitten"*. Korinthische Bürger wurden stets als Säufer dargestellt. Die sexuelle Zügellosigkeit sowie die Kehrseite der strengsten Askese fanden auch in der Gemeinde von Korinth ihren Niederschlag (vgl. 1. Korinther 6,9-10).

Start der Gemeinde Korinth

In diese Stadt kommt also im Jahr 51 Paulus (Apostelgeschichte 18), nachdem er zuvor auf seiner 2. Missionsreise Philippi, Thessalonich, Beröa und Athen besucht hatte. Hier begegnet er dem engagierten Zeltmacher-Ehepaar Aquila und

Straße nach Lechäon

Priszilla. Er schließt sich ihnen an und übt mit ihnen den gemeinsamen Beruf als Zeltmacher aus. Er besucht die Synagoge in Korinth und unterredet sich mit den Juden, doch scheint er sich in der Verkündigung der Botschaft zurückzuhalten, da er ungeduldig auf Timotheus und Silas wartet, die er von Athen aus nach Thessalonich zurückgeschickt hatte, um zu erfahren,

Die Kaiser z. Zt. des Apostel Paulus:

Als Paulus im **Jahr 51** Korinth erreicht, herrscht der röm. Kaiser **Claudius** (41-54). Wegen seiner körperlichen Gebrechen (Kinderlähmung, Stottern) wird er zunächst nicht ernst genommen, doch er erweist sich als guter Kaiser, obwohl er veranlasst, dass die Juden Rom verlassen müssen (Apostelgeschichte 18,2). Seine erste Frau betrügt ihn häufig und so lässt er sie hinrichten. Seine zweite Frau Agrippina ermordet ihn mit vergifteten Pilzen, damit ihr Sohn **Nero** Kaiser werden kann (54-68). Als Paulus die Korintherbriefe schreibt, ist Nero Kaiser. Seiner grausamen und willkürlichen Herrschaft fallen viele zum Opfer. Bei den Christenverfolgungen in Rom (er macht sie für den Brand Roms verantwortlich) scheinen später auch Petrus und Paulus umgekommen zu sein.

wie sich die junge Gemeinde in Thessalonich in der Zwischenzeit entwickelt hat. Erst als die beiden zurückkommen und ihm die gute Nachricht von den Thessalonichern überbringen, verkündigt er mutig, dass Jesus der Christus ist. Die übliche Reaktion der Juden ist der Widerstand, so dass Paulus sich von ihnen abwendet und im Nachbarhaus der Synagoge bei Justus unterkommt und das Evangelium dort verkündigt. Etliche Korinther kommen zum Glauben.

Einige uns genannte Namen davon sind: Krispus, der Synagogenvorsteher (Apostelgeschichte 18,8; 1. Korinther 1,14), Titius Justus (Apostelgeschichte18,7), Gajus (1. Korinther 1), Stephanas (ein führender Bruder, der offenbar als Erster in Achaja zum Glauben kommt. 1. Korinther 1,16; 16,15.17), und seine Familienangehörigen, Chloe und ihre Hausbewohner (1. Korinther 1,11), Sosthenes (Apostelgeschichte18,17), Fortunatus und Achaikus (1. Korinther 16,17).

Paulus wird nach den ersten Schwierigkeiten von Seiten der Juden durch den Herrn Jesus ermutigt, in Korinth zu bleiben, da er dort „ein großes Volk habe". So verkündigt Paulus insgesamt 18 Monate dort das Evangelium und belehrt die Gläubigen.

Im Jahr 52 wird ein neuer Prokonsul in Korinth eingesetzt: Gallio, ein Bruder des berühmten Stoiker-Philosophen Seneca, dem Erzieher Neros. Als unter seiner Regierung Paulus von den Juden vor Gericht (Bema) gezerrt wird, kümmert sich Gallio nicht darum. Mit *stoischem* Gleichmut sieht er zu, wie der Synagogenvorsteher Sosthenes vor seinen Augen verprügelt wird (vgl. Apostelgeschichte 18,12). Paulus verlässt daraufhin die

Erastus-Inschrift in Korinth

Erastus war nicht nur ein bewährter Mitarbeiter des Apostels, sondern auch der oberste Finanzbeamte der Stadt Korinth, wie diese Inschrift bezeugt. Vgl. Apg 19,22; Röm 16,21-23; 2Tim 4,20

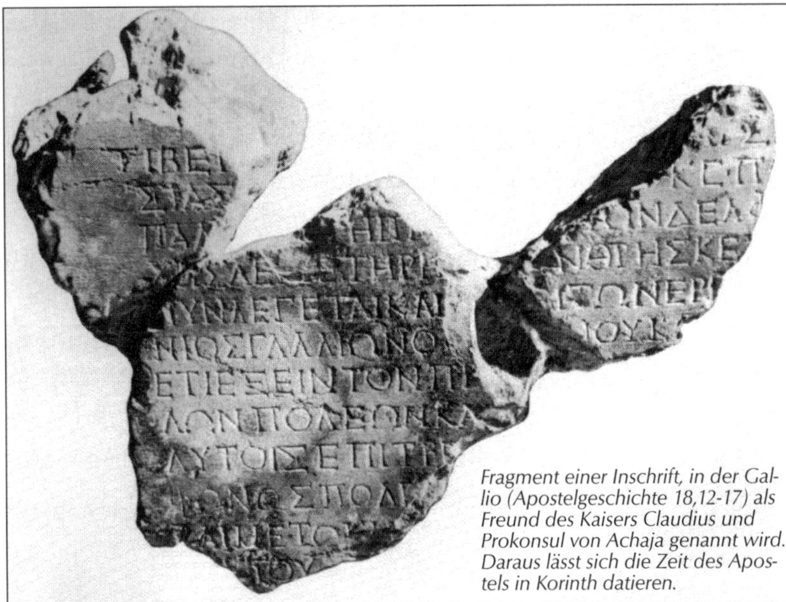

Fragment einer Inschrift, in der Gallio (Apostelgeschichte 18,12-17) als Freund des Kaisers Claudius und Prokonsul von Achaja genannt wird. Daraus lässt sich die Zeit des Apostels in Korinth datieren.

Stadt und schifft sich in Kenchreä ein, um mit Aquila und Priszilla nach Ephesus und von dort weiter nach Syrien zu reisen.

Auf seiner **3. Missionsreise** - während seines 3-jährigen Aufenthaltes in Ephesus - wird er dort von den Hausgenossen der Chloe besucht und über den Zustand der Gemeinde in Korinth unterrichtet. So schreibt er den 1. Korintherbrief und schickt ihn durch Timotheus nach Korinth. Später reist er nach und macht seinen angekündigten Besuch wahr. Danach schickt er auch Titus zu dieser Gemeinde (2. Korinther 7-8), da dieser offensichtlich selbstbewusster auftreten kann als der eher schüchterne Timotheus.

Probleme im Wettlauf des Glaubens

Das Besondere der Gemeinde in Korinth löst auch die besonderen Probleme dieser Gemeinde aus: Etliche der Geschwister der Gemeinde in Korinth kommen aus unmoralischer Vergangenheit (1. Korinther 6,11). Sie müssen erst das biblische Heiligungsleben lernen. Sie kommen vorwiegend aus dem heidnischen Hintergrund und haben nicht das jüdische Wissen um die Gebote Gottes. So müssen ihnen die grundsätzlichen ethischen und moralischen Wertmaßstäbe beigebracht werden. Das ist eine Situation, die ähnlich der heutigen ist, in der durch den allgemeinen Sittenverfall und die weitgehende Unkenntnis des Wortes Gottes der Unmoral und dem Egoismus Tür und Tor geöffnet sind. Außerdem ist diese Gemeinde durch starke soziale und intellektuelle Unterschiede geprägt, die Spannungen bis zu Parteiungen und Spaltungen hervorrufen. Religionsvermischung, Weltförmigkeit, Habsucht und Überheblichkeit machen auch vor den Gemeindetüren nicht halt.

Die Welt ist in die Gemeinde gekommen!

Wer die beiden Korintherbriefe liest, wird sich entsetzt an den Kopf fassen und zu dem Schluss kommen: „Nein, in dieser Gemeinde möchte ich nicht zu Hause sein!"

„Korinthische Verhältnisse" - das bedeutet so viel wie: Sünde, Neid, Unfrieden und Parteiungen machen sich unter den Geschwistern einer Gemeinde breit und werden entweder geduldet oder man verschließt die Augen vor ihnen - nach dem Motto: „Was nicht sein darf - gibt es auch nicht!" Ursachen für solch einen Zustand sind die zunehmende Säkularisierung im persönlichen und gemeindlichen Leben, mangelnde biblische Belehrung sowie eine schwache Führung der Gemeinde.

Wie begegnet Paulus diesen Missständen in Korinth? In seinem Brief, den er von Ephesus aus schreibt, gebraucht er unter anderem Bilder des Sports, die den Geschwistern in Korinth durch die nahen Isthmischen Spiele gut bekannt sind:

Die 2. Missionsreise des Apostel Paulus

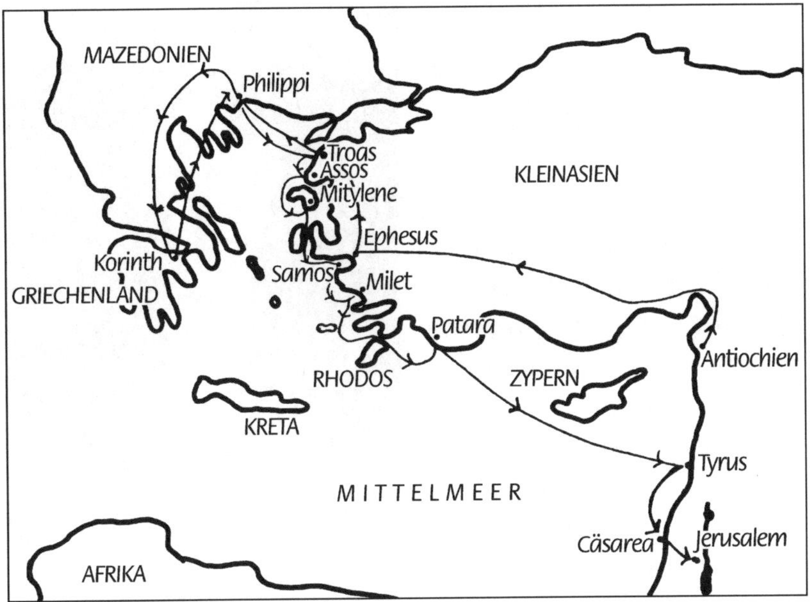

Die 3. Missionsreise des Apostel Paulus

„Wisst ihr nicht, dass die, welche in der Rennbahn laufen, zwar alle laufen, aber einer den Preis empfängt? Lauft so, dass ihr ihn erlangt. Jeder aber, der kämpft, ist enthaltsam in allem; jene freilich, damit sie einen vergänglichen Siegeskranz empfangen, wir aber einen unvergänglichen. Ich laufe nun so, nicht wie ins Ungewisse; ich kämpfe so, nicht wie einer, der in die Luft schlägt; sondern ich zerschlage meinen Leib und knechte ihn, damit ich nicht, nachdem ich anderen gepredigt, selbst verwerflich werde.“ 1. Korinther 9,24-27

Paulus macht also klar, dass es sich unbedingt lohnt, in der Nachfolge ganzen Einsatz zu zeigen. Auf der einen Seite ist die Errettung ganz das Werk unseres Herrn, der für uns gestorben ist, damit wir Vergebung bekommen können. Auf der anderen Seite erwartet dieser Herr auch, dass wir dementsprechend ein geheiligtes Leben führen, das ihn ehrt.

Am Ziel wartet die Belohnung

Der Wettlauf wird vom Ziel her bestimmt

In seinem zweiten Brief gibt er dazu den entscheidenden Hinweis, dass, wie ein Läufer seinen Weg durch den festen Blick auf das Ziel festlegt, so auch das Leben des Christen durch seinen Blick auf die Herrlichkeit seines Herrn verwandelt und bestimmt wird

(2. Korinther 3,18). Dort am Ziel bekommt der siegreiche Kämpfer des Glaubens den unvergänglichen Siegeskranz (1. Korinther 9,25) und am Preisrichterstuhl des Christus die Belohnung seines Herrn (1. Korinther 3,13-15; 2. Korinther 5,10).

Hindernisse zum Sieg: Unnötige Kraftvergeudung

Jeder nur einigermaßen sportlich Angehauchte versteht das Bild, das der Apostel in dem eben zitierten Abschnitt gebraucht: *„Ich kämpfe so, nicht wie einer, der in die Luft schlägt."* Das ist einfach unnötige und dumme Kraftvergeudung und führt nicht zum Sieg.

Wie viele lassen sich aber - damals wie heute - von den Dingen, die sie umgeben, beeinflussen und in der konsequenten Nachfolge behindern! Das ist sinnloses „In-die-Luft-schlagen". Paulus geht in den beiden Briefen an diese verweltlichte Gemeinde auf diese „Kraftvergeudungs-Punkte" ein, die den Wettlauf des Glaubens behindern und viele zu Fall bringen.

1. **Kraftvergeudung in der persönlichen Lebensführung:**
   - durch Unmoral (1. Korinther 5,1; 6,13; 10,1),
   - durch Wiederheirat Geschiedener (1. Korinther 7),
   - durch unklare und undisziplinierte Lebensführung (damals Essen von Götzenopfer und damit Gemeinschaft mit Ungläubigen; vgl. 1. Korinther 10,14).
2. **Kraftvergeudung im Verhalten untereinander:**
   - durch Spaltungen in der Gemeinde (1. Korinther 1,10-11),
   - durch Rechthabenwollen sogar bis vor die Gerichte (1. Korinther 6,1 ...),
   - durch den Missbrauch der eigenen Erkenntnis (christliche Freiheit hat ihre Grenzen dort, wo andere gefährdet werden; vgl. 1. Korinther 10).

3. **Kraftvergeudung in der Gemeinde:**
   - durch Duldung von Sünde (1. Korinther 5),
   - durch Emanzipation in der Gemeinde (Missachtung der Schöpferordnung Gottes; vgl. 1. Korinther 11 und 14),
   - durch Unordnung beim Brotbrechen (1. Korinther 11,20ff),
   - durch Unordnung bei der Betätigung der Gnadengaben (Selbstprofilierung, Überbetonung oder falsche Wertung der Gaben; vgl. 1. Korinther 12 und 14),
   - durch falsche Lehre über die Auferstehung (1. Korinther 15).

Alles das hindert in der Rennbahn des Glaubens. Paulus geht deshalb auf diese Stolpersteine durch gezielte Belehrung ein:

- die Frage der Parteiungen in einer Gemeinde (1. Korinther 1),
- die Frage der Gemeindezucht (1. Korinther 6),
- die Frage des Miteinanders in Ehe und Familie (1. Korinther 7),
- die Frage von Scheidung und Wiederheirat (1. Korinther 7),
- die Frage der Freiheit des Christen (1. Korinther 8,1-13),
- die Frage der Stellung von Mann und Frau (1. Korinther 11),
- die Frage der Kopfbedeckung und Haare (1. Korinther 11),
- die Frage des Zusammenkommens zum Brotbrechen (1. Korinther 11,23ff),
- die Frage der Betätigung der Geistesgaben (1. Korinther 12),
- die Frage der echten Liebe (1. Korinther 13),
- die Frage des Redens in anderen Sprachen (1. Korinther 14),
- die Frage der Auferstehung (1. Korinther 15),
- die Frage der Absonderung (2. Korinther 6),
- die Frage des Gebens (2. Korinther 9).

Was sind die Voraussetzungen zum sieghaften Glaubensleben?

Für jeden Sportler ist das selbstverständlich: Ohne Fleiß kein Preis! Wer siegen will, muss Einsatz zeigen, Zeit und Kraft opfern! Paulus geht in Kapitel 9,25 und 27 darauf ein:

- **Enthaltsamkeit** (Verzicht) von Sünde, von alten Gewohnheiten, von Dingen, die vom Ziel abbringen und von üppigem Leben.
- **Selbstdisziplin,** die Beherrschung des eigenen Körpers, sowohl im sexuellen Bereich als auch beim Genuss von Speisen und Getränken. Das heißt: Beherrsche ich meine Augen, meine Ohren, meinen Mund?

Dem Ziel zu

Lasst uns deshalb das Ziel vor Augen behalten, den unvergänglichen Siegeskranz, die Auferstehung zum ewigen Leben und die Belohnung am Richterstuhl des Christus!

Trotz der jahrelangen Belehrung, die diese Gemeinde durch Paulus, Apollos, Timotheus und Titus erhalten hat, muss der Apostel zu Themen Stellung beziehen, die auch uns heute in vielen Gemeinden Mühe machen. So können wir trotz der bedauernswerten Zustände in Korinth dankbar sein, dass wir diese beiden Briefe im Wort Gottes haben. Sie sind zeitlos für alle Gläubigen gültig.

Fragen zum Nachdenken:
- Was hindert mich in der „Rennbahn des Glaubens“?
- Wie kann ich zur Nachfolge neu motiviert werden?

Kollesseum in Rom

11.
In der Welt, nicht von der Welt
Zu Besuch in der Gemeinde in Rom

Rom, Hauptstadt des Römischen Reiches! Endlich würde er diese Stadt betreten! Wie sehr hatte er sich das gewünscht! In dieser Stadt das Evangelium verkündigen! Dort, wo der Kaiser regiert, der Herrscher der Weltmacht, der Kyrius des riesigen Reiches! Hatte Gott es ihm nicht schon vor Jahren bei seiner Bekehrung in Damaskus vorausgesagt?

„Dieser ist mir ein auserwähltes Werkzeug, meinen Namen zu tragen sowohl vor Nationen als Könige und Söhne Israels."
Apostelgeschichte 9,15

Und doch hatte er sich das Eintreffen in Rom völlig anders vorgestellt. Unter militärischer Überwachung kommt er als Gefangener nach einer überaus gefahrvollen Schiffsüberfahrt in Puteoli 60 km südlich von Rom in Italien an. Was war geschehen?

Bei einem Tumult in Jerusalem war er von der römischen Tempelwache kurzerhand in Schutzhaft genommen worden, weil man ihn zunächst mit einem Aufrührer verwechselt hatte. Nachdem das geklärt werden konnte, aber ein Anschlag auf ihn von Seiten der Juden offenbar wurde, war er über zwei Jahre im Gefängnis in Cäsaräa verwahrt worden.

Inzwischen hatte er verstanden, dass Gott ihm nicht nur diese Verheißung gemacht, sondern auch einen Nachsatz hinzugefügt hatte:

„Denn ich werde ihm zeigen, wie vieles er für meinen Namen leiden muss."
Apostelgeschichte 9,16

Die politischen Wirren ergaben im Jahr 58 n.Chr. den Wechsel in der Landesführung,

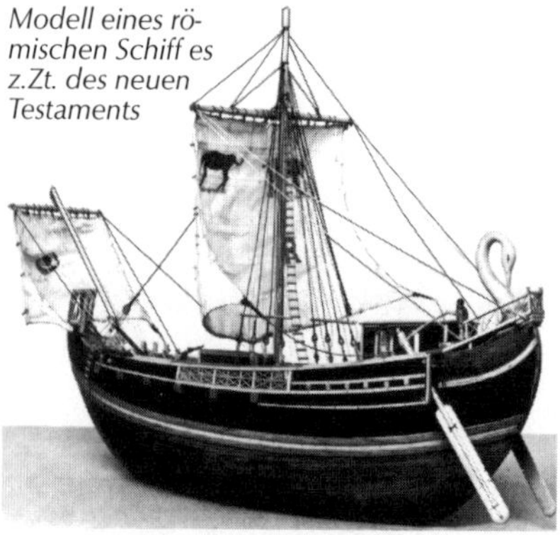

Modell eines römischen Schiff es z.Zt. des neuen Testaments

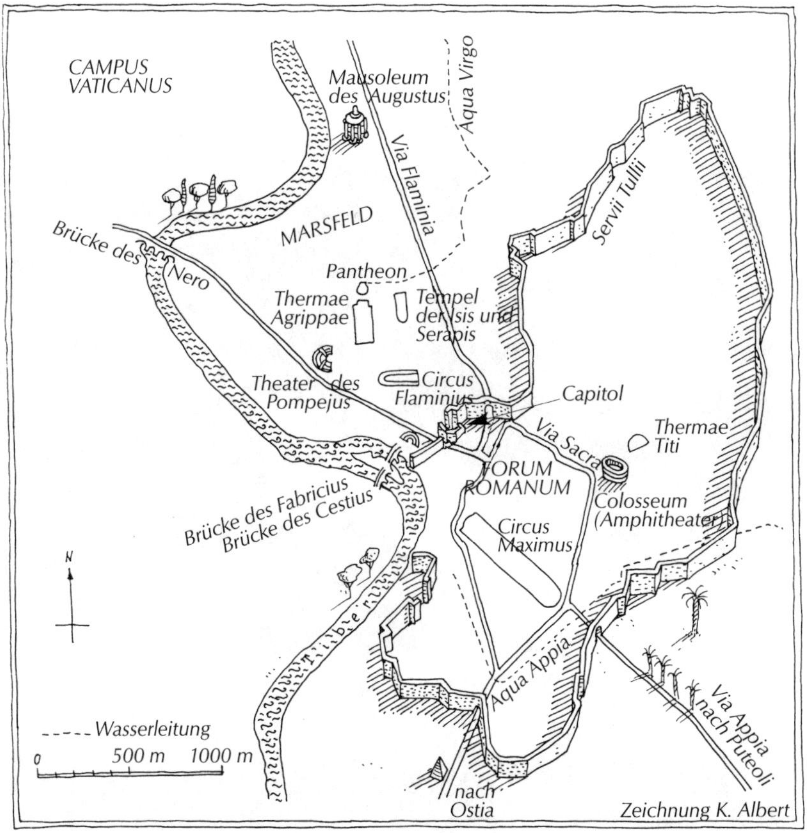

so dass immer wieder Verhöre und Beratungen unter dem neuen Präfekten stattfanden und Paulus nicht anders konnte, als sich auf den Kaiser zu berufen, um seine Unschuld zu beweisen. So war ein römischer Hauptmann damit beauftragt worden, ihn in die Reichshauptstadt zu überführen. Er hatte zwar wegen seiner guten Führung Hafterleichterung bekommen, besonders nachdem er mit dazu beigetragen hatte, dass bei einer Sturm-Notlandung auf Malta kein Besatzungsmitglied umgekommen war. Bei der Landung in Puteoli war ihm sogar erlaubt worden, mit den ihm entgegenkommenden Chri-

Rom, Aquädukt an der Via Appia

Rom, Titusbogen

sten aus Rom Gemeinschaft haben zu dürfen. Lukas berichtet dies in der Apostelgeschichte so:

> *„Nach drei Monaten aber fuhren wir ab in einem alexandrinischen Schiff mit dem Zeichen der Dioskuren* (Götterbild am Bug des Schiffes mit den Zwillingssöhnen des Zeus, Kastor und Pollux), *das auf der Insel* (Malta) *überwintert hatte. Und als wir in Syrakus gelandet waren, blieben wir drei Tage. Von dort fuhren wir in einem Bogen und kamen nach Regium; und da nach einem Tag sich Südwind erhob, kamen wir den zweiten Tag nach Puteoli, wo wir Brüder fanden und gebeten wurden, sieben Tage bei ihnen zu bleiben; so kamen wir nach Rom. Und von dort kamen die Brüder,*

Gajus Julius Cäsar, 100 - 44 v.Chr. Von Brutus und Cassius ermordet.

Augustus, 27 v.Chr. - 14 n.Chr., Kaiser zur Geburt Jesu Lukas 2,1

Tiberius, 14 - 37 n.Chr., Kaiser z.Zt. der Kreuzigung

Gajus-Calligula, 37 - 41n.Chr.

Claudius, 41 - 54 n.Chr., Judenvertreibung aus Rom. Apg 11,28; 18,2

Nero, 54 - 68 n.Chr., Grausamer Despot. Apg 25,11; Röm 13

Vespasian, 69 - 79 n.Chr., z.Zt. der Zerstörung Jerusalems durch seinen Sohn Titus.

Titus, 79 - 81 n.Chr., Feldherr und Zerstörer Jerusalems im Jahr 70. Hier der zu seinen Ehren erbaute Titusbogen in Rom.

Domitian, 81 - 96 n.Chr., Jüngerer Bruder des Titus, Despot.

als sie von uns gehört hatten, uns bis Appii-Forum und Tres-Tabernä entgegen; und als Paulus sie sah, dankte er Gott und fasste Mut."
Apostelgeschichte 28,11-15

Die Geschichte Roms

Rom: Regierungssitz des römischen Kaisers, Zentrum der Macht, die Stadt des Kyrius (Herrn). Astrologie und Kaiserkult gehören zum öffentlichen Leben. Dekadenz, Sittenlosigkeit und Reichtum prägen diese Stadt.

Diese Stadt wurde bereits 753 v. Chr. in der Landschaft Latium am Unterlauf des Tiber gegründet, der ab dort schiffbar ist. Sie wird wegen ihrer Lage die „Stadt auf den 7 Hügeln" genannt.

Rom gewinnt vor der Zeitenwende immer mehr an Bedeutung

Die Kaiser z. Zt. des Apostel Paulus:

Augustus	27 v.Chr. - 14 n.Chr.	(Lk 2,1) Volkszählung: 4,9 Mio. Bürger
Tiberius	14 - 37 n.Chr.	(Lk 3,1) Unter ihm ist Pontius Pilatus Statthalter in Cäsaräa. Unter seiner Regierung findet die Kreuzigung Jesu in Jerusalem statt.
Gajus	37 - 41 n.Chr.	Spitzname: Caligula, sittenlos; droht, sein Standbild im Tempel in Jerusalem aufzustellen; wird ermordet.
Claudius	41 - 54 n.Chr.	(Apg 11,28; 18,2) Er ordnet die Vertreibung der Juden aus Rom an. Claudius ist der Onkel von Gajus, hat Kinderlähmung. Seine 2. Frau Agrippina ermordet ihn, damit ihr Sohn Nero Kaiser wird.
Nero	54 - 68 n.Chr.	(Apg 25,11; Röm 13) Sein Erzieher ist Seneca (= Stoiker). Er ist ein grausamer Despot, Selbstmord.
Vespasian	69 - 79 n.Chr.	Sein Sohn Titus zerstört im Jahr 70 Jerusalem.
Titus	79 - 81 n.Chr.	
Domitian	81 - 96 n.Chr.	Der jüngere Bruder von Titus. Despot, verlangt als Herr und Gott göttliche Ehre.
Nerva	96 - 98 n.Chr.	
Trajan	98 - 117 n.Chr.	

Rom: Colosseum

und tritt an die Stelle des griechischen Weltreiches, sowohl politisch als auch kulturell. Die Stadt ist bis 510 v. Chr. Hauptstadt eines Königreiches, danach bis 27 v. Chr. Regierungssitz der Republik.

Rom erobert den gesamten Mittelmeerraum. *Augustus* tritt um die Zeitenwende die Alleinherrschaft als Kaiser an. Damit wird der ganze Kulturkreis vom Okzident bis zum Orient ohne Schwierigkeiten zu bereisen. Nachrichten sind grenzenlos zu vermitteln. Alle Welt kann sich durch die Handelssprache griechisch verständigen. Das ist der ideale Zeitpunkt für die Verbreitung des Evangeliums. Die Bibel kennzeichnet ihn mit *„die Fülle der Zeit"*. Jesus Christus wird geboren (Galater 4,4).

Zur Zeit des Neuen Testaments hat Rom ca. 1 Million Einwohner. Davon sind etwa 25% Sklaven.

Ein kurzer Gang durch das antike Rom

Als Paulus sich Anfang des Jahres 59 n. Chr. mit seinen Begleitern und der Militär-Eskorte von Südwesten über die *Via Appia* der Stadt nähert, sieht er zunächst den gerade 8 Jahre zuvor erbauten 60 km langen Aquädukt, der das antike Rom mit Wasser versorgt. Das römische Wasseramt beschäftigt zu dieser Zeit etwa 240 städtische und 460 kaiserliche Sklaven, um der Hauptstadt fließendes Wasser zu garantieren.

Am *Cirkus Maximus* kommen sie vorbei (er fasst 15.000 Zuschauer) und gelangen zum *Forum Romanum,* einem öffentlichen Platz und Zentrum des städtischen Lebens. Dieser Platz wird auf der einen Seite durch den Triumphbogen des Septimus-Severus begrenzt und auf der anderen Seite durch den *Titusbogen,* der elf Jahre später zum Gedenken des Sieges über Jerusalem im Jahr 70 durch Titus errichtet werden soll. (s. Abb. auf Seite 161). Der jüdische Geschichtsschreiber Josephus beschreibt diesen furchtbaren Krieg sehr detailliert. Z.Zt. des Apostels steht der Titusbogen natürlich noch nicht. Im Hintergrund sieht man das *Kollosseum,* ebenfalls etwa 10 Jahre nach dem Aufenthalt des Paulus in Rom erbaut. Im Jahr 80 wurde es eingeweiht. Es fasst insgesamt 85.000 Zuschauer! Beachtenswert bei diesem Bauwerk ist, dass es mehrere Theater und Arenen, für Gladiatoren-, Tierkämpfe und Schauspiele mit hochtechnisierter Bühnentechnik enthält. Es konnte mit Wasser gefüllt und richtige Seeschlachten vorgeführt werden! Büchereien, Tempel und Bäder prägen das Stadtbild. Hochmodern ist das Stadtleben: im Zentrum stehen mehrstöckige Mietskasernen, am Stadtrand vornehme Villen mit Innenhöfen und Bädern. Hochentwickelt ist die Wasserzufuhr und das Abwassersystem.

Da der Apostel noch nicht verurteilt ist, sondern bisher unter Schutzhaft verwahrt wird, darf er sich in Rom - wo keine di-

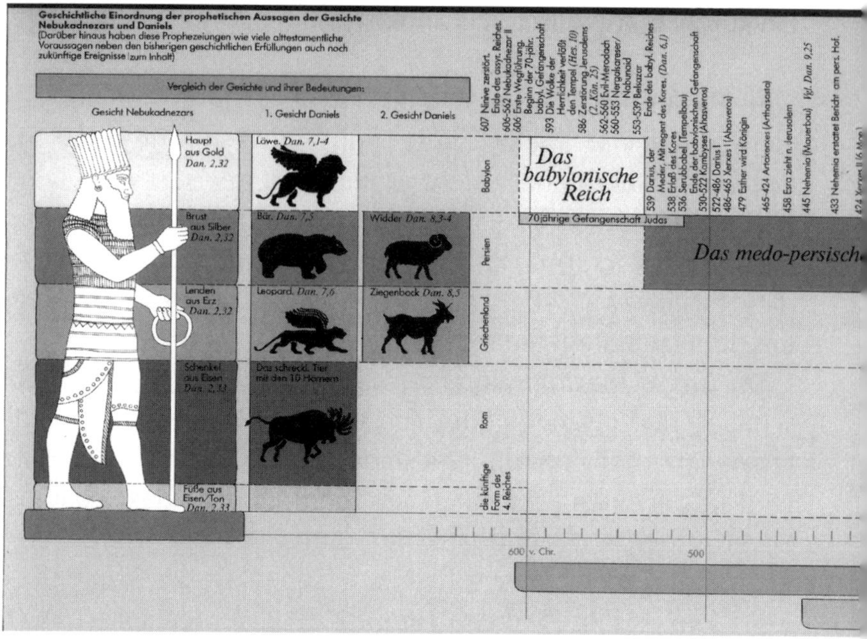

Heilsgeschichtlich gesehen löst das Römische Reich als das „4. Tier" der Prophezeiung Daniels (Daniel 7,7) das griechische Weltreich ab. Dieses Schaubild setzt die biblischen Voraussagen in die zeitliche Geschichtsabfolge. Nach Offenbarung 13,1-10 wird die Bedeutung Roms als das zukünftige weltbeherrschende Reich beschrieben. Rom hat also bis heute nichts an seiner Faszination und Bedeutung verloren.

rekte Gefahr von Juden besteht, die ihm nach dem Leben trachten, als römischer Staatsbürger bis zu seiner gerichtlichen Verhandlung in einer Mietwohnung unter „Hausarrest" aufhalten:

> *„Als wir aber nach Rom kamen, wurde Paulus erlaubt, mit dem Soldaten, der ihn bewachte, für sich bleiben. (...) Er blieb zwei ganze Jahre in seiner eigenen Mietwohnung und nahm alle auf, die zu ihm kamen; er predigte das Reich Gottes und lehrte die Dinge, die den Herrn Jesus Christus betreffen, mit aller Freimütigkeit ungehindert."*
> Apostelgeschichte 28,16.30-31

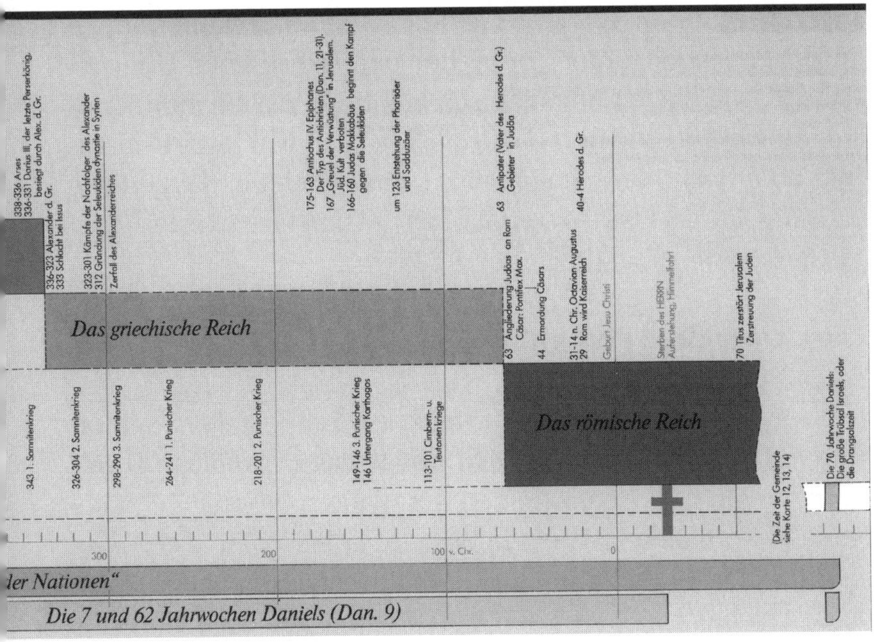

Wie hat Gott diese Zeit des Apostels genutzt, das Evangelium auszubreiten. Er gibt ihm damit die Möglichkeit, die neutestamentlichen Briefe an die Gemeinden in Ephesus, in Kolossä und in Philippi zu schreiben. Ferner schreibt er an die Christen in Laodicea (Kolosser 4,16) und an Philemon in Kolossä. Er bekommt hier Besuch von Epaphras und Onesimus aus Kolossä, von Epaphroditus aus Philippi, von Demas, Markus, Tychikus und Lukas. Die beiden Letzteren teilen zeitweise seine Gefangenschaft, um ihm zu dienen und ihn zu versorgen. Außerdem scheint er viele Kontakte zu haben, so dass trotz seiner Haft das Evangelium auch in Rom seine Wirkung tut. Wenn wir daran denken, dass er stets einen Wachposten zur Seite hat, der zwangsläufig die frohe Botschaft und alle Unterredungen mitbekommt, so könnte man das fast schon eine „Zwangsevangelisation“ nennen. Ich denke an so manche Situationen, in denen wir in Gefängnissen mit Inhaftierten gesprochen haben unter „optischer und akustischer Überwachung", wie das im Amtsdeutsch heißt: Ein Wachhabender ist stets anwesend und hört die frohe Botschaft von Jesus Christus mit, ob er will oder nicht. Paulus kann berichten, dass etliche *„aus des Kaisers Haus"* zum Glauben an den Herrn Jesus Christus gekommen sind (Philipper 4,22).

Die Gemeinde in Rom entsteht

Aus einem Schreiben des römischen Schriftstellers Sueton (um 120 n. Chr.) über die Zeit des Kaisers Claudius (41-54) geht hervor, dass bereits in den 40er Jahren unserer Zeitrechnung in Rom eine Gemeinde besteht. Er berichtet, dass Claudius im Jahr 49 die Juden aus Rom ausgewiesen habe (Apostelgeschichte 18,2), weil sie „durch einen gewissen Chrestus zu Aufruhr angestiftet worden seien."

Wie ist die Botschaft nach Rom gekommen? Wir können annehmen, dass bereits durch die Pfingstpredigt des Petrus in Jerusalem die anwesenden Juden aus Rom das Evangelium in die Weltmetropole gebracht haben (Apostelgeschichte 2,10).

Auf seiner zweiten Missionsreise trifft Paulus im Jahr 51 n. Chr. das Zeltmacher-Ehepaar Aquila und Priszilla in Korinth. Sie waren zwei Jahre zuvor aus Rom ausgewiesen worden (Apostelgeschichte 18,2). Fünf Jahre später äußert Paulus den Wunsch, *„Rom zu sehen"* (19,21), doch führt sein Weg zunächst zurück nach Palästina. Als er dann auf seiner 3. Missionsreise im Jahr 56 in Korinth Station macht, schreibt er von dort aus den Brief an die Gemeinde in der Welthauptstadt (Römer 1,7-15).

Obwohl Paulus zu diesem Zeitpunkt die Gemeinde in Rom noch nicht kennt, hat er doch auf seinen ausgedehnten Reisen offensichtlich schon viele Geschwister der dortigen Gemeinde kennen gelernt. In der Grußliste in Römer 16 bestellt er allein 9 Schwestern und 20 Brüdern namentlich besondere Grüße! Sie werden ihm viel von ihrer Heimatgemeinde erzählt haben, so dass in ihm die Sehnsucht wächst, diesen Geschwisterkreis kennen zu lernen (Römer 1,8-15). Er kann ihnen bestätigen: *„Euer Glaube wird in der ganzen Welt verkündet"* (Römer 1,8).

Ein Brief an eine unbekannte Gemeinde

Was schreibt man einer Gemeinde, die man noch nicht kennt? Paulus zeigt deshalb in diesem Brief zunächst die Grundlagen des Evangeliums auf. Von daher ist dieser Brief insbesondere für jeden geeignet, der jung im Glauben ist oder kurz davor steht, sein Leben dem Herrn Jesus zu übergeben.

Ich denke an einen Jugendstaatsanwalt, den ich vor einigen Jahren kennen lernte. Er erzählte mir, wie sehr ihn gerade dieser Brief fasziniert habe, da er als Jurist die sachlichen und logischen Ausführungen überaus schätzte. Er wurde durch die Botschaft des Römerbriefs überführt, erlebte die Rechtfertigung aus Glauben und damit die Vergebung seiner Schuld vor Gott.

Pastor Wilhelm Busch berichtet, dass er nach seinem Theologiestudium untersucht habe, wie in der Geschichte Erweckungen entstanden sind. Er kam zu dem Schluss, dass die Verkündigungen in diesen Zeiten des geistlichen Aufbruchs in besonderer Weise die Gedanken von Römer 3 beinhal-

Zeittafel zur Gemeinde in Rom

30 Kreuzigung, Pfingsten - danach Entstehung der Gemeinde in Rom
49 Vertreibung der Juden aus Rom durch Claudius
49-52 Zweite Missionsreise des Paulus
54-56 Dritte Missionsreise
56 Römerbrief von Korinth aus geschrieben
56 Pfingsten: Paulus wird in Jerusalem verhaftet
58/59 Reise nach Rom
59-61 In Rom
60 Lukas schreibt die Apostelgeschichte
62 Vermutete Freilassung
64 Erneute Inhaftierung und Hinrichtung des Paulus

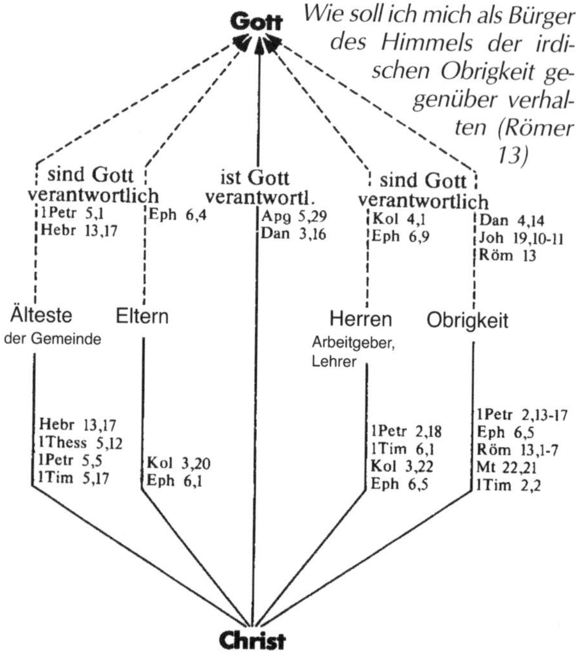

Wie soll ich mich als Bürger des Himmels der irdischen Obrigkeit gegenüber verhalten (Römer 13)

tet haben: „Wie kann der Mensch vor Gott gerecht sein?“

Auch Martin Luther bezeugt, dass gerade dieser Abschnitt ihn zu Christus getrieben habe. Wie vielen ist die Botschaft des Römerbriefes zum Segen geworden! Es lohnt sich, ihn immer und immer wieder zu studieren und in unser Leben hineinzunehmen! Er bildet die Basis des Evangeliums.

Die Systematik, mit der der Apostel in diesem Brief die Gedanken Gottes erkärt, lässt erahnen, wie er in den Gemeinden, in denen er sich länger aufgehalten hat, die Geschwister unterrichtet hat. Auch wir sollten neu darüber nachdenken, wie wir in unseren Gemeinden die Gläubigen belehren können. Oft habe ich den Eindruck, dass der Mangel der heutigen Christen der Mangel einer systematischen Belehrung ist. Das Evangelium, das heute gepredigt wird, ist vielfach eine Botschaft für das gute Gefühl und Wohlbefinden. Es sind Lebenshilfe-Predigten, denen das Fundament und die Zusammenhänge fehlen. Ist es da ein Wunder, dass so viele Gläubigen nicht über das „Babychristentum“ hinauskommen?! Sie stehen damit in Gefahr, von *„jedem Wind der Lehre hin und her gerissen zu werden“* (Epheser 4,14).

Die Frage der Rechtfertigung aus Glauben (Römer 3)

So behandelt Paulus im Römerbrief als Erstes die Frage nach der Schuld des Menschen und wodurch die Sünde in die Welt gekommen ist (Römer 1-2). Er kommt zu dem Ergebnis, dass alle Menschen Sünder und vor Gott schuldig sind. Diese Tatsache wird heute vielfach in Frage gestellt - selbst von manchen Christen. Man glaubt - geprägt durch den großen Einfluss des Humanismus -, dass der Mensch im Kern gut sei und nur „veredelt" werden müsste. Das biblische Menschenbild zeigt dagegen die völlige Sündhaftigkeit des Menschen und damit die eindeutige Notwendigkeit, dass wir erlöst und gerettet werden müssen. Hier setzt die frohe und einmalige Botschaft der Bibel an:

> *„Jetzt aber ist ohne Gesetz Gottes Gerechtigkeit geoffenbart worden, bezeugt durch das Gesetz und die Propheten: Gottes Gerechtigkeit aber durch Glauben an Jesus Christus für alle, die glauben. Denn es ist kein Unterschied, denn alle haben gesündigt und erlangen nicht die Herrlichkeit Gottes und werden umsonst gerechtfertigt durch seine Gnade, durch die Erlösung, die in Christus Jesus ist."* Römer 3,21-24

Wenn ich mit Inhaftierten im Gefängnis spreche, stelle ich fest, dass diese Menschen die Frage von Schuld und Strafe und damit die Frage der Rechtfertigung viel besser verstehen als „Normalbürger". Ein Straffälliger erkennt sehr schnell: Auch wenn er eine vom Richter verordnete Strafe absitzt, hat er nach seiner Entlassung immer noch seine Schuld in seinem Herzen. Die kann ihm kein Richter abnehmen. - Wenn dagegen ein Inhaftierter die Vergebung seiner Sünde durch Jesus Christus erfährt, weiß er: Meine Schuld ist weg! Auch wenn ich noch die Strafe meiner Tat absitzen muss!

Überblick und thematische Schwerpunkte des Römerbriefs

Kapitel 1	Die Notwendigkeit der Errettung der Heiden
Kapitel 2	Die Notwendigkeit der Errettung der Juden
Kapitel 3	Die Rechtfertigung aus Gnaden durch den Glauben
Kapitel 4	Abraham, Vater des Glaubens, nicht durch Gesetz
Kapitel 5	Die Sünde kam durch einen Menschen = Tod Die Gnade kam durch einen (Christus) = Gerechtigkeit, Leben und Versöhnung!
Kapitel 6	Mitgestorben, mitbegraben - mitlebendig gemacht
Kapitel 7	Der alte und der neue Mensch Wieso sündige ich noch ???!!
Kapitel 8	„Das Gesetz des Geistes des Lebens hat mich freigemacht von dem Gesetz der Sünde und des Todes!" Wie kann ich siegreich im Glauben leben? - Das Gesetz der Schwerkraft - Das Gesetz der Flieh-/Schubkraft Was bedeutet „durch den Geist leben"?
Kapitel 9	Die Frage der Zuvorbestimmung des Menschen durch Gott
Kapitel 10	Fehlender Glaube, vor allem auch bei dem irdischen Volk Gottes
Kapitel 11	Der Heilsweg Gottes mit Israel (und der zeitliche Einschub der Zeit der Gemeinde)
Kapitel 12	Die rechte Betätigung der Gnadengaben
Kapitel 13	Das rechte Verhältnis zur Obrigkeit und Umwelt
Kapitel 14	Das rechte Verhältnis untereinander, vor allem gegenüber den Schwachen im Glauben
Kapitel 15	Ein Aufruf zu Geduld und zur gegenseitigen Hilfe / Unterstützung
Kapitel 16	Eine umfangreiche Grußliste an 29 Geschwister

Vergebung durch Gott ist weit mehr als das Erlassen einer Strafe, sie ist das Hinwegnehmen der Schuld! Gott hat meine Schuld auf seinen Sohn Jesus Christus gelegt und sie an ihm gestraft. Damit kann er mich freisprechen! Und das nicht aus Mangel an Beweisen oder wegen „mildernder Umstände“. Nein, Vergebung ist ein juristisch gerechtes Verfahren Gottes! Er behandelt mich so, als sei ich nie schuldig gewesen! Das ist Rechtfertigung! Und zwar nicht durch eigenes Verdienst, sondern allein aus Gnade und durch den Glauben an Jesus Christus.

Warum sündige ich noch als Christ
- wie kann ich siegreich leben? (Römer 6-8)

Sie war zum lebendigen Glauben an den Herrn Jesus gekommen. Eine gewaltige Veränderung vollzog sich in ihrem Leben. Sie verschlang geradezu die Bibel, wuchs im Glauben und bezeugte ihren Glauben rückhaltlos in ihrer Umgebung. Menschen kamen durch sie zum Glauben an Jesus Christus. Und auch äußerlich veränderte sie sich zusehends. Sie, die immer ein Junge hatte sein wollen, nahm sich nun bewusst als Frau aus Gottes Hand an. Aus einer hässlichen Raupe wurde ein richtig schöner Schmetterling. All die dunklen Dinge ihrer Vergangenheit gab sie dankbar im Gebet an Jesus ab.

Doch dann kam, was kommen musste! Mancher hatte ihren „Senkrechtstart“ argwöhnisch und mit Skepsis beobachtet. Nach dem ersten „geistlichen Höhenflug“, dem begeisterten neuen Leben erfolgte die erste Niederlage. Jeder Schritt auf die Straße war auch ein Schritt in ihre Vergangenheit. Sie traf alte Freunde, ließ sich einladen. Griff wieder zum Alkohol und zur Zigarette, das Bibellesen und die Gemeinschaft mit den anderen Gläubigen trat in den Hintergrund. Sie weinte, tat Buße, begann neu. Verbissen kämpfte sie gegen die Versuchungen an. Kurze Zeit gings gut -

dann wieder ein Rückfall. Erneute Buße, erneuter Anfang. Und wieder Niederlage. Die Zeiträume wurden kürzer. Sie resignierte. Die Freude des Anfangs war einer immer größer werdenden Niedergeschlagenheit gewichen.

Welcher Christ kennt nicht diese Zeit in seinem Glaubensleben? Viele resignieren, viele geben auf. „Ich schaff's nicht! Ich erlebe nicht die dauerhafte Freiheit eines Christenmenschen!" Wie oft hab ich diesen Satz gehört, wie oft sind mir niedergeschlagene Christen begegnet, die sich mit einem christlichen Dahinvegetieren zufrieden geben.*

Paulus geht im Römerbrief darauf ein. Er zeigt im 7. Kapitel sein Bemühen, die Frage eines geheiligten Lebens aus eigener Kraft zu schaffen - und muss das klägliche Versagen feststellen:

> *„Wenn ich aber das, was ich nicht will, ausübe, so vollbringe nicht mehr ich es, sondern die in mir wohnende Sünde. Ich finde also das Gesetz, dass bei mir, der ich das Gute will, nur das Böse vorhanden ist. Denn ich habe nach dem inneren Menschen Wohlgefallen am Gesetz Gottes. Aber ich sehe ein anderes Gesetz in meinen Gliedern, das dem Gesetz meines Sinnes widerstreitet und mich in Gefangenschaft bringt unter das Gesetz der Sünde, das in meinen Gliedern ist. Ich elender Mensch! Wer wird mich retten von diesem Leibe des Todes?"* Römer 7,16-24

Doch dann zeigt er die einzige Hilfe auf, die dem Glaubenden gegeben ist: Das sich Klammern an seinen Herrn:

> *„Ich danke Gott durch Jesus Christus!"*

Nicht in meiner Kraft liegt mein Sieg über die Sünde begründet, sondern auch hier - wie bei meiner Errettung - ist nur mein Herr

---

*) Vgl. das Buch „Fütter den Adler - Wie kann ich siegreich leben?", Christliche Verlagsgesellschaft, Dillenburg.

der Garant, gegen die in mir wohnende Sünde und gegen die Versuchungen des Teufels zu siegen!

Die Frage der Vorherbestimmung (Römer 9)

Kann ein Mensch sich frei entscheiden oder bedeutet die Zuvorbestimmung durch Gott, dass sein Schicksal bereits festliegt ist und er das nicht mehr beeinflussen kann? Diese Frage beschäftigt immer wieder Menschen, die sich mit dem Evangelium auseinandersetzen und meinen, sich nicht entscheiden zu können. Paulus macht das Problem im Römerbrief an zwei Beispielen deutlich. Das negative Beispiel ist der Pharao, dessen Herz von Gott verhärtet wurde, und Gott übte an ihm und seinem Volk Gericht; das zweite Beispiel ist Jakob, von dem Gott bereits vor seiner Geburt sagen konnte, dass sein Bruder Esau ihm untergeordnet sein würde. Häufig wird noch das Beispiel eines Judas angeführt, dass er ja keine andere Wahl gehabt habe, als den Herrn Jesus an seine Feinde zu überliefern. Ist das eine Vorherbestimmung, auf die der Mensch keine Entscheidungsmöglichkeit hat? Sind diese Menschen sozusagen Opfer Gottes im Weltgeschehen?

Die Antwort der Bibel ist: Keinewegs! Der freie Wille des Menschen bleibt bestehen! Du hast die volle Verantwortung für deine Entscheidung und wirst auch die Folgen tragen müssen, je nachdem, ob du dich für oder gegen Gott entscheidest. Da aber Gott nicht wie wir Menschen an Raum und Zeit gebunden ist - er ist ewig, und damit in einer anderen Dimension als wir -, weiß er bereits im Voraus, wie du dich entscheiden wirst. Die Schwierigkeit ist, dass für uns zeitlich begrenzte Menschen die Dinge noch in der Zukunft liegen, die Gott in seiner Dimension allgegenwärtig schon vor sich hat. So kann er im Voraus sagen, wie das Leben eines Jakobs verlaufen wird.

Bei dem Pharao merken wir bei aufmerksamem Lesen, dass dieser bei den ersten Plagen selbst sein Herz verhärtete, dann war die Zeit der Entscheidung für ihn vorbei. Gott gibt jedem Menschen eine gewisse Zeit der Gnade und der freien Entscheidung. *„Heute, wenn ihr seine Stimme hört, verhärtet euer Herz nicht!"* (Hebräer 3,8-15).

Der Heilsweg Gottes mit Israel und der Einschub der Zeit der Gemeinde (Römer 11)

Das ist eine wichtige und grundlegende Frage, deren Beantwortung viele andere Fragen der Bibel löst. Viele Christen haben keinen Blick für die geschichtlichen Wege Gottes mit den Menschen. Sie beziehen alle Aussagen der Schrift allein auf sich und wundern sich, dass manche Bibelstellen widersprüchlich seien. Wer aber das unterschiedliche Handeln Gottes mit seinem irdischen Volk Gottes gegenüber dem Handeln Gottes mit seiner Gemeinde versteht, für den lösen sich die meisten vermeintlichen Ungereimtheiten der Schrift!* An dieser Stelle nur so viel:

Gott handelt zu unterschiedlichen Zeiten mit verschiedenen Menschengruppen unterschiedlich: Mit den Menschen vor der Flut auf der Basis ihres Gewissens, mit den Patriarchen durch persönliche Begegnungen, mit seinem irdischen Volk Israel auf der Grundlage des Gesetzes und des Opfer- und Priesterdienstes, mit seiner Gemeinde auf der Basis der Gnade, die durch das stellvertretende Sterben seines Sohnes Jesus Christus wirksam wird.

Wir dürfen beim Lesen der Bibel diese Unterschiede nicht übersehen, sondern müssen stets fragen: Zu wem spricht Gott

*) Ich empfehle hier das Buch von William MacDonald „Achte auf den Unterschied", Christliche Verlagsgesellschaft, Dillenburg.

hier? Zu Israel oder zu uns als Gläubige heute? Das bedeutet nicht, dass uns das Alte Testament nichts mehr zu sagen hätte. Ganz im Gegenteil. Es ist das „Bilderbuch" des Neuen Testaments, es macht uns viele Aussagen anschaulich deutlich. Doch ist es grundlegend verschieden, ob ich auf der gesetzlichen Basis *„Tue das und du wirst leben"* mein Leben führe oder nach der Aussage: *„Glaube an den Herrn Jesus und du wirst errettet werden!"* Ich werde heute nicht errrettet, weil ich das Gesetz halte und danach lebe (denn ich kann es nicht halten), sondern ich bekomme ewiges Leben, weil der Herr Jesus für mich gestorben ist, und ich darf aus Dankbarkeit für Golgatha ein Leben nach den Gedanken Gottes führen. Paulus geht auf diesen Unterschied übrigens auch im Galaterbrief ein.

Und sonst?

Auch ganz praktische Fragen des Gemeindelebens werden im Römerbrief angeschnitten:
- Die Wichtigkeit des Gebens für andere (Römer 9).
- Die Betätigung der Gnadengaben in der Gemeinde (Römer 12).
- Wie soll ich mich als Bürger des Himmels der irdischen Obrigkeit gegenüber verhalten (Römer 13)?

Alles in allem: Es lohnt sich, diesen Brief immer und immer wieder neu zu studieren. Er gibt uns die Grundlage für ein gesundes Christenleben.

Fragen zum Nachdenken:
- Wie kann ein Mensch gerecht sein vor Gott?
- Wie kann ich siegreich leben?
- Hab ich einen freien Willen oder ist alles vorherbestimmt?

Ephesus.

12.
Wenn der Glaube zur Routine wird
Zu Besuch in der Gemeinde in Ephesus

Ich muss ehrlich zugeben, dass mir der Epheserbrief im Zusammenhang mit der Gemeinde Ephesus immer eine gewisse Mühe gemacht hat. Vielleicht kam das daher, dass wir in unserer Gemeinde einen älteren Bruder hatten, von dem wir Jugendlichen damals wussten: Wenn er aufstand, um ein Wort an die Gemeinde zu sagen, war es ein Abschnitt aus dem Epheserbrief. Er sprach kaum über etwas anderes. Man merkte ihm zwar an, dass ihn das Wort ergriffen hatte, aber es gelang ihm nicht, es uns verständlich zu vermitteln. Ich hatte immer den Eindruck, dass es sich bei dem Inhalt des Epheserbriefes um geistliche „höhere Mathematik“ handelte. Und meine Überzeugung war, dass diese Gemeinde eine „Über-Gemeinde“ gewesen sein musste, wenn sie diesen Brief verstehen konnte, der ihr geschrieben worden war. Das änderte sich, als dieser Bruder starb. Und das geschah so: An einem Sonntag sprach mein Vater in der Gemeinde und er behandelte die ersten Verse des 1. Kapitels im Epheserbrief. Als er geendet hatte, stand der besagte alte Bruder auf, stellte sich vor die Gemeinde, hob seine Hand und zeigte zum Himmel: „Geschwister“, sagte er, „darum geht es: Um die Herrlichkeit des Herrn!“ Mit diesen Worten fiel er um und starb!

Ephesus. Standbild der Artemis

Nie werde ich diesen Augenblick vergessen! Wieder hatte ihn dieser Text so gepackt - und er war in der Herrlichkeit seines Herrn! Von da an habe ich mich mehr und mehr mit diesem Abschnitt des Wortes Gottes beschäftigt und mit dieser Gemeinde, in der der Apostel so

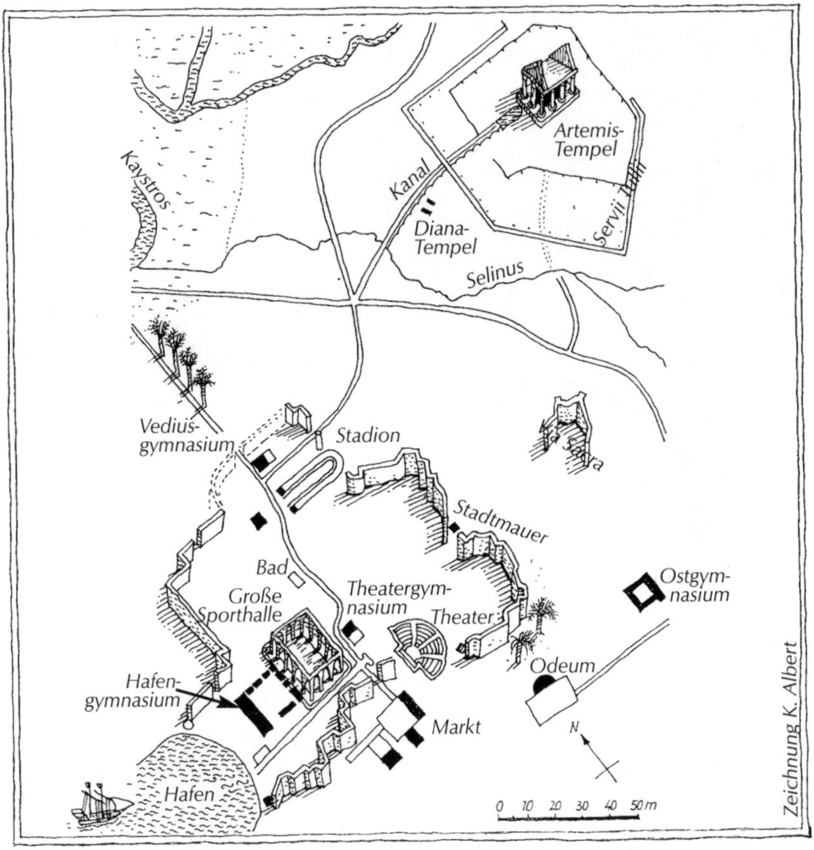

lange gewesen ist. Ich habe ein wenig nachempfinden können, was diesen Bruder damals bewegt haben muss. So ist mir dieser Brief ans Herz gewachsen - und auch diese Gemeinde in Kleinasien, an die er gerichtet war.

Gott investiert in Gemeinde

Bevor wir jedoch die Gemeinde in Ephesus besuchen, wollen wir uns einer grundsätzlichen Frage stellen: Gott investiert in Gemeinde - worin investiere ich?

Ephesus, Kuretenstraße

Ehesus, Marmorstraße

Ephesus, Theater

Investieren ist ein Wort der Neuzeit. Aber es ist keine neue Sache. Solange der Mensch lebt, überlegt er: Lohnt sich das, was ich tue? Was kommt dabei für mich heraus? Schon der weise König Salomo fragt in Prediger 6,12: *„Welchen Nutzen hat ein Mensch von seinem Tun?“*

Also eine gängige, ja ganz menschliche Frage. Bereits Eva fragte sich: „Was hab ich davon, wenn ich dem Wort Gottes ungehorsam bin und von der Frucht esse? Ist der Nutzen, Gutes und Böses unterscheiden zu können, nicht größer als die Übertretung des Verbotes?“

Wir Menschen sind seit dem Sündenfall geborene Egoisten. Bereits das Kleinkind fragt sich: „Was hab ich davon, wenn ich nicht schreie?“ Der Dreikäsehoch fragt: „Was hab ich davon, wenn ich den Eltern gehorsam bin?“ Der Schüler fragt: „Was hab ich davon, wenn ich die Schulaufgaben mache?“ Der Teeny fragt: „Was hab ich davon, wenn ich darauf verzichte zu tun, was alle tun?" Der Autofahrer fragt: „Was hab ich davon, wenn ich die Geschwindigkeitsbeschränkung einhalte?" Der Arbeitnehmer fragt: „Was hab ich davon, wenn ich Überstunden mache?" Der Ehemann fragt: „Was hab ich davon, wenn ich treu bin?" Die Ehefrau fragt: „Was hab ich davon, wenn ich nur Hausfrau bin?" Der Selbstständige fragt: „Was hab ich davon, wenn ich gegenüber dem Finanzamt ehrlich bin?"

Sicher ist die Fragestellung immer dann legitim, wenn ich Einsatz und Ergebnis gegeneinander abwäge. Lohnt zum Beispiel die Investition einer Maschine, eines Computers, eines Autos. Rechnet sich die Investition mit dem, was dabei herauskommt?

Aber auch, wenn es um den Glauben geht, fragen sich Menschen so: „Was hab ich davon, wenn ich zum Glauben komme?", „Was hab ich davon, wenn ich meinen Glauben konsequent lebe?", „Was hab ich davon, wenn ich regelmäßig zur Gemeinde gehe?", „Was hab ich davon, wenn ich mich für andere einsetze?", „Was hab ich davon, wenn ich Zeit, Kraft, Geld spende?"

Was sagt Gott dazu?

Gott macht uns in seinem Wort deutlich, dass es in unserem Leben nicht in erster Linie um **uns** und **unsere** Vorteile geht. Es geht für uns Menschen darum, was Gott davon hat! Diese Sichtweise fällt uns oft sehr schwer. Ich möchte sie an einem Beispiel versuchen zu klären:

Da ist ein Unternehmer, der ein bestimmtes Produkt auf den Markt bringen will. Dazu braucht er nicht nur Maschinen, sondern auch Arbeitnehmer. Wenn er nun Arbeiter in seiner Firma einstellt, wird er sie nach ihrer Qualifikation und Arbeitswilligkeit aussuchen. Er wird überlegen, ob sich die Investition lohnt, diese Menschen einzustellen und zu bezahlen? Rechnet sich der Ar-

Ephesus, Celsius-Bibliothek

beitslohn im Vergleich zum erwirtschafteten Erfolg? (Natürlich fragt sich auch der Arbeitnehmer, ob es sich für ihn lohnt, bei diesem Chef zu arbeiten. Doch betrachten wir einmal die Arbeitgeberseite.) Kein Chef wird am Monatsende die Gehälter nur verteilen, damit die Arbeiter gut und unbesorgt leben können. Er wird vielmehr danach fragen, ob der ausgezahlte Lohn dem entspricht, was für die Firma dabei durch die Arbeitskraft herausspringt. Ja, selbst wenn es um Forschungs- und Entwicklungsarbeiten geht, wird in Erwartung der späteren Wirtschaftlichkeit investiert.

Natürlich denkt Gott anders. Doch hilft dieses Beispiel vielleicht, einmal auch die Seite Gottes in Bezug auf uns und unsere

Ephesus, Antike Inschrift

Errettung zu verstehen. Natürlich hat er die Errettung kostenfrei gemacht („*Wir werden umsonst gerechtfertigt durch seine Gnade.*“ Römer 3,24), natürlich können wir uns nichts selbst verdienen, natürlich ist die Erlösung ein Geschenk („*nicht aus Werken, damit niemand sich rühme ...*“, Epheser 2,9). Und doch sei einmal der Gedanke erlaubt:

Da „investiert“ der Herr in mich sündigen (unqualifizierten) Menschen, er bezahlt einen ungeheuren Preis (keinen Lohn!), um mich bei sich zu haben, um mit mir Gemeinschaft zu haben. Er gibt seinen Sohn Jesus Christus an meiner Stelle in den Tod, um mir das Leben zu schenken. Und was ist mein Dank? Was hat Gott davon, dass er mich errettet hat?

Gott „investiert“ in Menschen

Die Bibel berichtet uns von vielen Beispielen, wie Gott in Menschen „investiert“. Denken wir an den Einsatz Gottes im Leben eines Jakob. Wie viel Zeit, wie viel unendliche Geduld auf seinen Umwegen, wie viel Bewahrung trotz aller inneren Auflehnung hat Gott ihm geschenkt, bis er ihn bezwingen und ihn zu einem Glaubenshelden machen konnte. Denken wir an Mose, Petrus oder

Ephesus, Hadrian-Tempel

Paulus. Wie viel hat Gott in sie investiert, bis sie brauchbare Werkzeuge in der Hand Gottes wurden.

Was hat Gott von meiner Bekehrung?

Meistens fragen wir uns: „Was habe ich von meiner Bekehrung?" Und wir antworten mit Recht: „Vergebung meiner Sünden, ewiges Leben, Gemeinschaft mit Gott, u.v.a.m." Doch was hat mein Herr davon, dass ich mich bekehrt habe? Den Thessalonichern wird bescheinigt, dass sie sich bekehrt hatten, *„um dem lebendigen Gott zu dienen!"* (1. Thessalonicher 1,9).

Weshalb habe ich mich bekehrt? Um in den Himmel zu kommen? Um meinen Sündenberg loszuwerden? Sicher auch. Doch Gott erwartet auch, dass ich ihm aus Dankbarkeit in Hingabe diene. Ich gehöre ihm, er hat mich erkauft, und deshalb gehört auch jetzt schon mein Leben ihm. Das hat Auswirkung auf mein ganz praktisches Leben. Ich möchte für ihn zur Verfügung stehen und für ihn nützlich sein.

Vor einiger Zeit waren wir mit einer Gruppe junger Christen in

Japan, um die Missionsarbeit unserer Geschwister vor Ort kennen zu lernen. Es hat uns sehr beeindruckt, mit welch einer Hingabe, Dankbarkeit und Freude die japanischen Geschwister dem Herrn Jesus und den Geschwistern dienen.

Gott „investiert" in Gemeinden

Nicht nur in einzelne Menschen „investiert" Gott. Die Schrift zeigt, dass er auch für die Gemeinden ganzen Einsatz gibt:

> *„... er hat sie erworben durch das Blut seines Eigenen."* Apostelgeschichte 20,28)

Wieviel hat er zum Beispiel an der Gemeinde in Ephesus getan. Der Apostel Paulus war fast drei Jahre dort und hat sie Tag und Nacht unterwiesen, Apollos hat dort den Geschwistern gedient, Timotheus war dort, später der Apostel Johannes, der Epheserbrief wurde an sie adressiert und das Sendschreiben. Und welche Entwicklung hat diese Gemeinde genommen?

Wie viel tut unser Herr nicht auch für unsere Gemeinden heute?! Wortverkündigungen, Bibelstunden, Bibelwochen, Seminare, Besuche, Freizeiten, Evangelisationen, Gebetsstunden, Stunden der Anbetung, Kinder- und Jugendarbeit, und, und und. Und das Woche für Woche, Jahr für Jahr. Was kommt dabei für ihn heraus?

Die Gemeinde in Ephesus

Als der Apostel Paulus am Ende seiner zweiten Missionsreise - also im Frühjahr 52 n. Chr. - die Hauptstadt der römischen Provinz Asia kurz besucht (Apostelgeschichte 18,18-21), lernt er eine moderne Stadt kennen, die erst zwölf Jahre zuvor Kaiser Tiberius nach einem Erdbeben neu hatte aufbauen lassen. In der Landschaft Lydien gelegen, war sie bereits im 6. Jahrhundert v. Chr. an der Mündung des Flusses Kaystros erbaut worden. Durch ihren

Dritte Missionsreise

Mittelmeerhafen wird sie schnell zum Handelszentrum der Region und ist von Wohlstand und religiöser Kultur geprägt. Ein Besuch in den heutigen Ruinen der Stadt nahe des türkischen Dorfes Ajasoluk (aus griech. *hagios theologos* = heiliger Theologe, ein vermutlicher Hinweis auf den Apostel Johannes, der später hier ansässig gewesen sein soll) lässt immer noch etwas von dem Reichtum ihrer Bürger erahnen.

Bekannt und als Wallfahrtsort beliebt ist zur Zeit des Apostels der große Tempel der Diana und Artemis, der besonders beim jährlichen Fest zu Ehren der Jagd- und Fruchtbarkeitsgöttin Tausende von Touristen anzieht. Auf hundert wuchtigen 19 Meter hohen Säulen erbaut, gilt er als eines der sieben Weltwunder. Hier wird das Bild der Göttin mit den vielen Brüsten, das aus dem Himmel gefallen sein soll, verehrt (Apostelgeschichte 19,35). Silberschmiede fertigen als lukrative Einnahmequelle kleine Souvenir-Abbildungen des Tempels und des Götterbildes.

Nach ihrem Artemiskult trägt diese Stadt, deren Namen „die Geliebte" oder „die Liebliche" bedeutet, auch den Beinamen *„neôkoros"*, was so viel wie Tempelbewahrerin heißt (Apostelgeschichte 19,35), ein Ehrentitel, der vom römischen Senat der Stadt verliehen worden war, die zu Ehren des Kaisers einen Tempel und das Theater errichtet hatte. Dieses Theater bietet über 26.000 Zuschauern Platz. Bis heute faszinieren in Ephesus die imposanten Gebäude, wie die Celsius-Bibliothek und der Hadrian-Tempel, die Marmor- und Kuretenstraße, den Besucher.

Als zum Ende der zweiten Missionsreise der Apostel mit Aquila und Priszilla aus Korinth kommend die Synagoge der Stadt besucht, wird er zunächst wohlwollend von den Juden aufgenommen und gebeten zu bleiben. Da er aber auf der Durchreise nach Jerusalem ist, lässt er das Zeltmacher-Ehepaar dort zurück und verspricht wiederzukommen.

Gott investiert in Ephesus (Teil 1: Drei Jahre Belehrung)

So macht er zu Beginn seiner dritten Missionsreise im Herbst des Jahres 54 n. Chr. sein Versprechen wahr und plant eine längere Verweildauer in dieser Stadt. Später kann er sagen, dass sich von dort aus das Evangelium durch ganz Kleinasien verbreitet hat. Drei Monate, so berichtet Lukas, unterrichtet er in der Synagoge. Als er dort jedoch auf Ablehnung der Juden stößt, unterrichtet er im Nachbarhaus, in einem Lehrsaal des Tyrannus (Apostelgeschichte 19,8-10) zwei Jahre lang täglich! Hier wird etwas von der intensiven und systematischen Belehrung des Apostels deutlich, von der wir heute nur lernen können. Kontinuierliche und tiefgehende Belehrung ist leider in unseren Gemeinden zur Ausnahme geworden. Wie wichtig aber ist sie zur Festigung der Gemeinden. Neben einer aktiven Missionstätigkeit gehört die intensive Weiterführung im Wort Gottes zu den wichtigsten Aufgaben eines gesunden Gemeindewachstums.

Wenn Paulus am Ende dieser dritten Missionsreise die Ältesten von Ephesus nach Milet ruft, kann er ihnen sagen:

> *„Ihr wisst, wie ich vom ersten Tag an, da ich nach Asien kam, die ganze Zeit bei euch gewesen bin und dem Herrn diente mit aller Demut und Tränen und Versuchungen, die mir durch die Nachstellungen der Juden widerfuhren; wie ich nichts zurückgehalten habe von dem, was nützlich ist, dass ich es euch nicht verkündigt und euch gelehrt hätte, öffentlich und in den Häusern, da ich sowohl Juden als Griechen die Buße zu Gott und den Glauben an Jesus Christus bezeugte. (...) Deshalb bezeuge ich euch am heutigen Tag, dass ich rein bin vom Blute aller; denn ich habe nicht zurückgehalten, euch den ganzen Ratschluss Gottes zu verkündigen."*
> Apostelgeschichte 20,18-27

Gott investiert in Ephesus (Teil 2: Der Epheserbrief)

Von Rom aus - während seiner Gefangenschaft - schreibt Paulus den Epheserbrief im Jahr 60 n. Chr. und gibt ihn Tychikus mit nach Kleinasien (Epheser 6,1). Dieser Brief hat das Anliegen, den Geschwistern der Gemeinde in Ephesus das Geheimnis Gottes vor Augen zu stellen: **Wir in Christus!**

Ausführlich legt der Apostel dar, dass Gott die Glaubenden bereits vor Erschaffung der Welt erwählt hat, um in Christus zu sein. Dieser Gedanke ist weit mehr, als dass Gott durch Christus bei uns ist. In ihm sind wir in dieser Welt geschützt, verwahrt und für die Ewigkeit bestimmt. Aus dieser Geborgenheit in Christus ergibt sich, dass unser Verhalten in dieser Welt und untereinander

Der Inhalt des Epheserbriefs:

Das Geheimnis Gottes: **Wir in Christus!** (35x)

Kapitel 1-3: Die Segnungen Gottes für uns
Kapitel 4-6: Unsere Verantwortung daraus

K 1	**Der Plan Gottes:** vor Grundlegung der Welt
K 2	**Die Ausführung des Planes:** durch Gnade errettet
K 3	**Die Offenbarung des Geheimnisses:** aus Zweien eins gemacht: Juden und Heiden
K 4	**Jesus sorgt für seinen Leib:** die Gaben zur Auferbauung und Wachstum
K 5	**Das Verhalten der Glieder des Leibes:** Mann, Frau, Kinder, Knechte, Herren
K 6	**Wie kann ich sieghaft leben?** Waffenrüstung

an dem Verhalten des Christus orientiert ist.

Gott investiert in Ephesus (Teil 3: Nochmaliger Besuch des Paulus)

Nach seiner ersten Gefangenschaft scheint der Apostel noch einmal Ephesus zu besuchen. Vermutlich um das Jahr 62-63 n. Chr. Da er offenbar nur wenig Zeit hat, lässt er Timotheus in Ephesus zurück.

Gott investiert in Ephesus (Teil 4: Mangelbehebung)

Man sollte meinen, dass eine Gemeinde, die eine solch intensive und systematische Belehrung durch den Apostel erfahren hat, fest gegründet sein sollte. Doch da er Mangelerscheinungen im Gemeindeleben feststellt, bleibt sein junger Mitarbeiter Timotheus in Ephesus, um die Mängel in Ordnung zu bringen (1. Timotheus 1,3). Offensichtlich hatten die Epheser Probleme in der

Führungsfrage, obwohl der Apostel die Ältesten in Milet noch einmal gesprochen und gewarnt hatte (Apostelgeschichte 20). Ausführlich legt er in seinem ersten Brief dar, welche Qualifikationen Älteste und Diener haben müssen, wenn sie den göttlichen Aufgaben in der Gemeinde gerecht werden wollen (1. Timotheus 3,1-13). Ob Timotheus ihnen hat helfen können, wird uns leider nicht berichtet. Offensichtlich haben die „Wölfe" ihre zerstörerische Tätigkeit bereits aufgenommen (Apostelgeschichte 20,29-30).

Als Paulus zum zweiten Mal inhaftiert wird, muss er Timotheus mitteilen, dass *„alle, die in Asien sind, sich von ihm abgewandt haben"* (2. Timotheus 1,15). Wie schmerzlich muss dieser Tatbestand für den Apostel sein, der so viel in dieser Gemeinde gewirkt hatte.

Gott investiert in Ephesus (Teil 5: Johannes in Ephesus)

Die Kirchengeschichte berichtet, dass in den späten Jahren des 1. Jahrhunderts der Apostel Johannes sich längere Zeit in Ephesus aufgehalten habe. Das bedeutet, dass bereits die zweite Generation in der Gemeinde vorhanden war, die möglicherweise den Apostel Paulus nicht mehr erlebt hatte.

Gott investiert in Ephesus (Teil 6: Das Sendschreiben)

Als Johannes im Jahr 95 n. Chr. unter Kaiser Domitian auf die Insel Patmos verbannt wird (Offenbarung 1,9), eine Insel 100 km südwestlich von Ephesus im Mittelmeer gelegen), schreibt er im Zuge der 7 Sendschreiben auch einen Brief an die Gemeinde in Ephesus. Auf der einen Seite lobt dieser Brief diejenigen, die sich von den aufkommenden Irrlehren losgesagt haben sowie von denen, *„die sich Apostel nennen und sind es nicht."* Bei diesen falschen Lehrern handelt es sich um die Nikolaiten (Offenbarung

Ephesus, Theater

Ephesus, Theater

2,15), Führer, die Macht über die Gemeinde ausüben wollten.

Und doch bei allem Lob - ja, sie haben Werke, Arbeit und Ausharren! - was ist aus dieser Gemeinde innerhalb einer Generation geworden?! Wo ist die wirkliche, echte Motivation geblieben?! Der Geist Gottes muss ihnen sagen:

> *„Aber ich habe gegen dich, dass du die erste Liebe verlassen hast! Denke nun daran, wovon du gefallen bist, und tue Buße und tue die ersten Werke!“* Offenbarung 2,4-5

Ja, die erste Liebe ist noch weit mehr als nur das brennende Herz oder die erste Begeisterung eines Menschen, der zum Glauben gekommen ist.

Ich möchte ein Bild gebrauchen: Meine „erste Liebe“ ist meine Frau. Was ist, wenn ich meine erste Liebe verlasse? Ist das nicht furchtbar? Der Herr Jesus will den Geschwistern in Ephesus klar machen: Ich bin nicht mehr euer Mittelpunkt! Die Gemeindestunden mögen noch prima ablaufen, äußerlich mag alles noch stimmen, aber es geht nicht mehr um mich, um eure erste Liebe!

Müssen wir nicht heute auch uns ernstlich in unseren Gemeinden prüfen, ob diese Ermahnung uns trifft? Die Aufforderung zur Umkehr und Buße ist der einzige Weg, dass unsere Herzen wieder für unseren Herrn brennen und er der Mittelpunkt unserer Gemeinden ist.

Fragen zum Nachdenken:

- Wie viel hat Gott in mich investiert? Was hat er davon?
- Wie viel hat er in unsere Gemeinde investiert? Was ist das Ergebnis? Wie können wir in unserer Gemeinde zur ersten Liebe zurückfinden?

Antike Treppe

13. Wenn der Glaube soziale Mauern überspringt

Zu Besuch in der Gemeinde in Kolossä

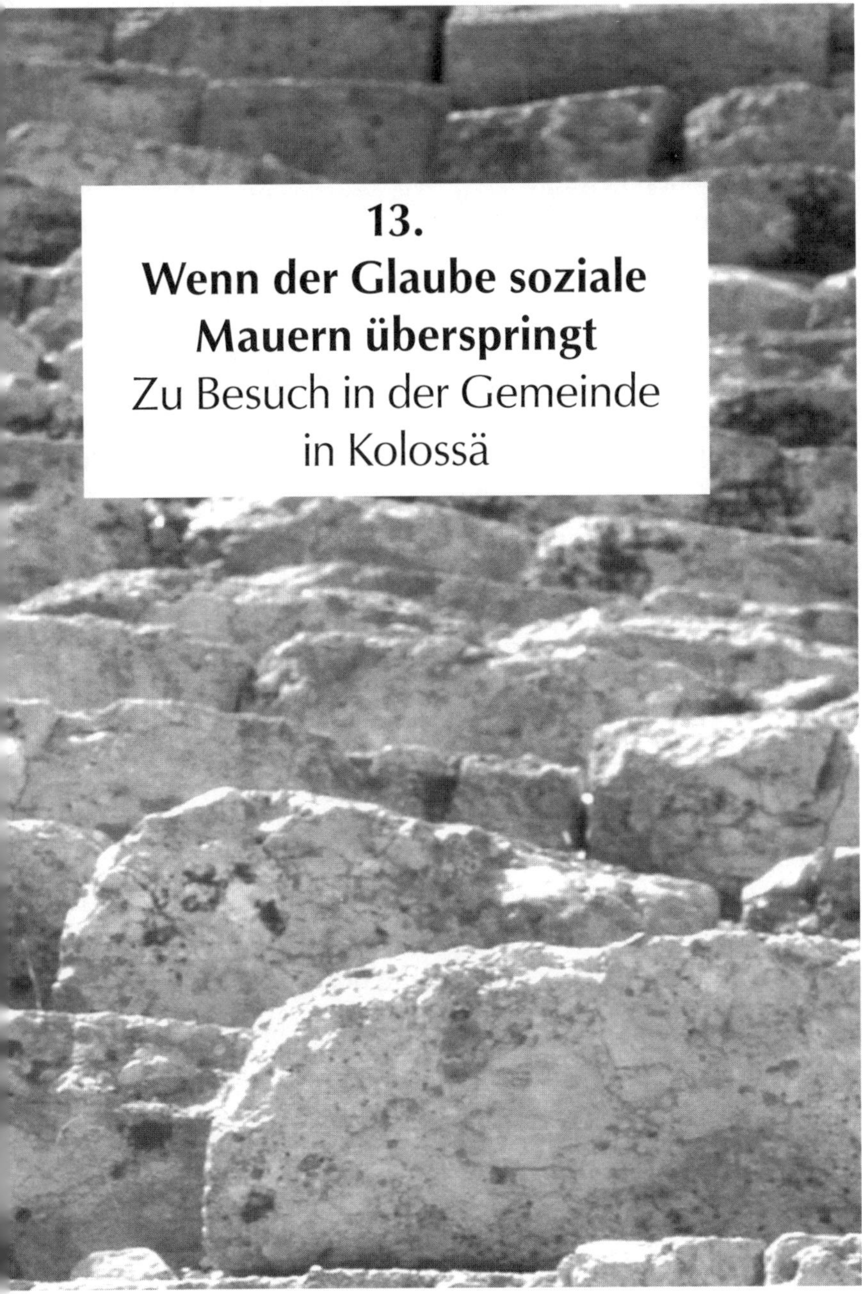

Kolossä hatte schon bessere Zeiten erlebt. Zur Zeit des Neuen Testaments ist es eine kleine, nicht sehr bedeutsame, aber doch durchaus wohlhabende Stadt. Gäbe es nicht den Kolosserbrief, wäre die Stadt und ihr Name sicher in Vergessenheit geraten.

Kolossä liegt in der römischen Provinz Asia in der Landschaft Phrygien (vgl. Apostelgeschichte 2,10) im Tal des Lycus (= Wolf), einem Nebenfluss des Mäander, der 160 km weiter bei Milet ins Mittelmeer mündet.

In etwa 16 km Entfernung westlich von Kolossä liegt Laodicea, die Metropole der Region. 21 km nordwestlich liegt Hierapolis, das Heilungs- und Religionszentrum des Gebiets. Hier führt die römische Hauptmilitärstraße vom Westen zum Euphrat vorbei, durchzieht ein 19 km langes schmales Tal, um dann über den Pass der Kadnischen Berge zu führen.

Ihren Namen hat Kolossä von dem Wort „Koloss", da bizarre Kalksteinformationen die Umgebung prägen.

Die Bevölkerung besteht aus den dort einheimischen Phrygiern, aus griechischen Händlern und einer jüdischen Kolonie, die durch Alexander d. Gr. umgesiedelt worden war. Die Bemerkung in Kolosser 1,13: *„... der uns errettet hat aus der Gewalt der Finsternis und* ***versetzt*** *in das Reich des Sohnes seiner Liebe"*, erinnert daran.

Während der Regierungszeit des römischen Kaisers Nero (54-68) wird Kolossä durch ein starkes Erdbeben erschüttert, also ungefähr zur Zeit der Abfassung des Kolosserbriefes.

Die Gemeinde in Kolossä

Paulus kommt während seiner 2. Missionsreise mit Silas und Timotheus durch den Norden des Lycus-Tales, doch wird er *„durch den Geist Gottes verhindert, das Wort in Asien zu verkündigen"* (Apostelgeschichte 16,16).

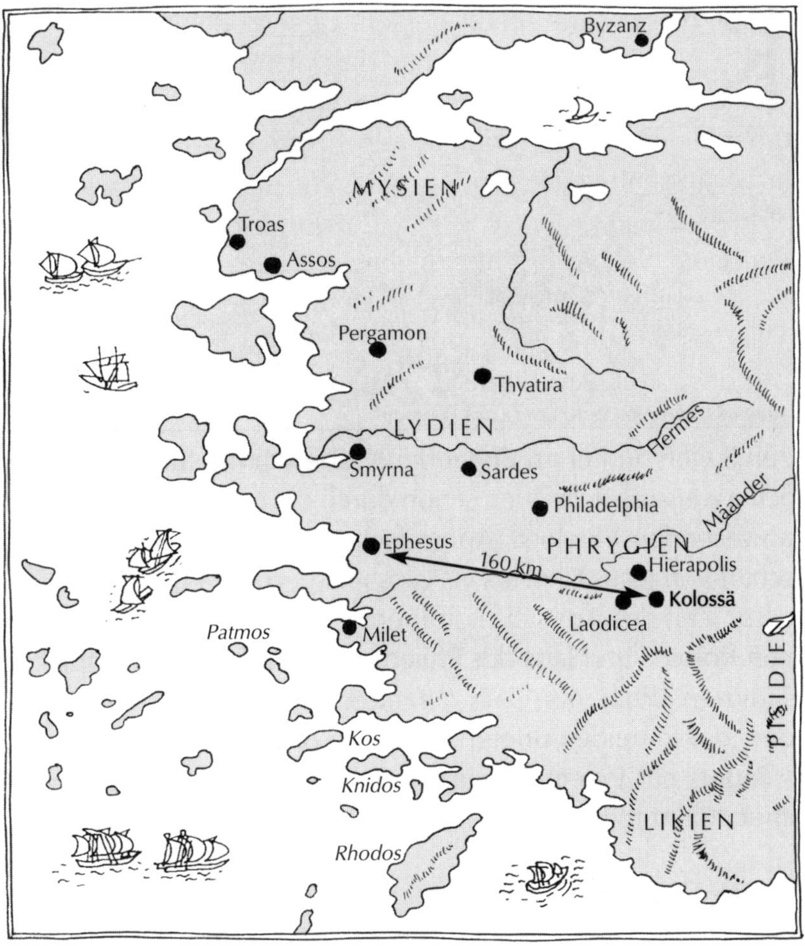

Bei der 3. Missionsreise hält er sich dann aber lange Zeit in Ephesus auf - etwa160 km westlich -, so dass *„alle, die in Asien wohnen, das Wort des Herrn hören"* (Apostelgeschichte 19,10). Es ist daher anzunehmen, dass dadurch das Evangelium auch nach Kolossä kommt und vermutlich durch **Epaphras** sowohl die Gemeinde in Kolossä als auch die in Laodicea und in Hierapolis gegründet werden. Von ihm wird berichtet (Kolosser 1,6-7; 4,12-13), dass ihm diese drei Gemeinden besonders auf dem Her-

Kolossä im Lycostal in der Landschaft Phrygien

zen liegen und er im ringenden Gebetskampf für sie ist. Möglicherweise aber ist auch schon durch die bei der Pfingstpredigt anwesenden Phrygier (Apostelgeschichte 2,10) die frohe Botschaft von Jesus Christus ins Lycus-Tal gekommen ...

Zur Zeit des Apostels kommen auf jeden Fall die Gläubigen von Kolossä **im Haus des Philemon und seiner Frau Appia** zusammen (Philemon 1-2). Manche Bibelausleger vermuten, dass der in beiden Briefen genannte **Archippus** ihr Sohn ist.

Paulus hat jedenfalls die Gemeinde in Kolossä nicht besuchen können (Kolosser 2,1).

Der Kolosserbrief

Während seiner Gefangenschaft in Rom bekommt er von diesem Epaphras Besuch. Der berichtet ihm von den Schwierigkeiten, die in der Gemeinde aufgetreten sind. So schreibt der Apostel den Kolosserbrief und lässt ihn durch Tychikus und Onesimus überbringen (Kolosser 4,7-9). Vermutlich mit „gleicher Post" wird der Philemon- und der Epheserbrief überbracht.

Die Gefahren der Gemeinde und wie Paulus ihnen begegnet

Epaphras berichtet dem Apostel von den Gefahren und Strömungen, die zur Zeit auf die Heimatgemeinde einwirken. Wer den Kolosserbrief aufmerksam liest, stellt unschwer fest, dass es sich um folgende Schwierigkeiten handelt:

- Kolosser 2,8: Philosophie
- Kolosser 2,16: Speisegebote
- Kolosser 2,18: Engelverehrung
- Kolosser2,20: Gesetzlichkeit
- Kolosser 3,5: Unmoral

Die Irrlehre der so genannten „Gnosis“ (= Erkenntnis) macht sich breit. Sie behauptet, sie habe Informationen, die die Lehre des Apostels übertreffen würden, und man würde erst glücklich, wenn man die Geheimnisse dieser Sekte kennen würde. So stellt der Apostel das große Geheimnis Gottes dagegen:

> *„Das Geheimnis, welches von den Zeitaltern und von den Geschlechtern her verborgen war, jetzt aber seinen Heiligen geoffenbart worden ist, denen Gott kundtun wollte, welches der Reichtum der Herrlichkeit dieses Geheimnisses sei unter den Nationen, welches ist Christus in euch, die Hoffnung der Herrlichkeit.“* Kolosser 2,26-27

Einige Kolosser behaupten sogar, Christus sei nicht Gott, und lehren, dass Christus nicht wirklich gestorben sei. Christus habe den Jesus kurz vor dem Sterben verlassen. Jesus sei gestorben, Christus aber lebe. Paulus entgegnet darauf:

> *„Die Fülle der Gottheit wohnt in ihm leibhaftig.“*
> Kolosser 2,9

Einige von ihnen lehren, dass nur der Leib sündig sei und praktizieren Askese. Andere gehen in das andere Extrem und leben in fleischlicher Lust, da der Leib auf den Geist keinen Einfluss habe. Sind heute nicht viele Irrlehren ganz ähnlich? Wie begegnen wir solchen falschen Lehren? Wie begegnet der Apostel diesem allen?

Das Thema des Briefes: „Christus in euch!"

Paulus begegnet den Gefahren, indem er Jesus Christus in seiner absoluten Einmaligkeit und Einzigartigkeit vorstellt! Er ist der Erste, der Beste, der Größte! Er ist **die Fülle der Gottheit!** Alles ist auf ihn bezogen: Durch ihn und für ihn ist alles geschaffen, und alles wird erhalten durch ihn:

> *„Er ist das Bild des unsichtbaren Gottes, der Erstgeborene aller Schöpfung. Denn in ihm ist alles in den Himmeln und auf der Erde geschaffen worden, das Sichtbare und das Unsichtbare, es seien Throne oder Herrschaften oder Gewalten oder Mächte: alles ist durch ihn und für ihn geschaffen; und er ist vor allem, und alles besteht durch ihn. Und er ist das Haupt des Leibes, der Gemeinde. Er ist der Anfang, der Erstgeborene aus den Toten, damit er in allem den Vorrang habe; denn es gefiel der ganzen Fülle, in ihm zu wohnen und durch ihn alles mit sich zu versöhnen - indem er Frieden gemacht hat durch das Blut seines Kreuzes -, durch ihn, sei es, was auf der Erde oder was in den Himmeln ist."*
>
> Kolosser 1,15-20

Doch damit nicht genug! Paulus eröffnet den Gläubigen in Kolossä ein Geheimnis, das bisher verborgen war: **Dieser Einzigartige - Jesus Christus - ist „in euch!"!!!** Das wird zum großen und zu Herzen gehenden Thema dieses Briefes. Er schreibt:

> *„Es ist das Geheimnis, das von den Weltzeiten und von den Geschlechtern her verborgen war, jetzt*

aber seinen Heiligen geoffenbart worden ist. Ihnen wollte Gott kundtun, was der Reichtum der Herrlichkeit dieses Geheimnisses unter den Nationen sei, und das ist: Christus in euch, die Hoffnung der Herrlichkeit. Ihn verkündigen wir, indem wir jeden Menschen ermahnen und jeden Menschen in aller Weisheit lehren, um jeden Menschen vollkommen in Christus darzustellen." Kolosser 1,26-28

Wenn wir verstanden haben, wie groß und überragend unser Herr ist, sind wir gefestigt gegen jede Irrlehre und motiviert, ihm zu dienen und ihn zu erwarten. Ich muss mich also nicht mit allen falschen Lehren auseinandersetzen, sie analysieren und alle logischen Gegenargumente ausfindig machen. Der beste Schutz für mich gegen Verführung ist: Den Herrn Jesus immer besser kennen und lieben zu lernen! Er ist der Beste, der Größte, der Einzigartige!

Der Fall Onesimus

Das ist schon eine spannende Geschichte, die sich da im Jahr 60 n. Chr. zwischen Kolossä und Rom ereignet. Kurz bevor Epaphras, einer der Gemeindeältesten der jungen Gemeinde, die weite Reise nach Rom unternimmt, um den Apostel aufzusuchen, geschieht im Hause Philemon etwas, durch das wir einen kurzen Brief in der Bibel haben, den Philemonbrief: Einer der Sklaven Philemons läuft weg.

Was ist daran so aufregend, dass die Bibel es für nötig hält, diese Begebenheit zu überliefern?

Zur Zeit des Apostels gibt es ca. 60 Millionen Sklaven im römischen Weltreich. Sie sind der Willkür ihrer Herren völlig ausgeliefert. Nicht umsonst bezeichnet sich der Apostel immer mit dem Begriff „Sklave Jesu Christi", um diesen absoluten Ab-

Sklavenmarke aus römischer Zeit

hängigkeitsstatus deutlich zu machen, den wir Christen gegenüber unserem Herrn haben.

Die vielen Sklaven im römischen Reich bedeuten aber auch, dass 60 Millionen Menschen rechts- und mittellos sind. Das stellt eine potentielle Gefahr im Reich dar. Deshalb geht man mit entlaufenen Sklaven besonders streng um. Entweder werden sie sofort gekreuzigt oder sie werden für ihr ganzes Leben als Ungehorsame mit einem Brannteisen auf der Stirn mit einem „F“ gekennzeichnet (d.h. „Fugitius“ = Entlaufener).

Die Situation im Haus Philemons

Wenn ich den Philemonbrief lese, wird mir dieser Mann sehr sympatisch, weil ich mich in manchen Punkten bei ihm wiederfinde. Er ist „Hausmeister“ der Gemeinde, verheiratet, hat mindestens einen Sohn, der auch auf dem Glaubensweg ist, und ist offensichtlich selbständig, denn er hat zumindest einen Sklaven. Dessen Name Onesimus bedeutet „nützlich“ und zeigt, dass wohl seine Eltern andere Hoffnungen in ihn gesetzt hatten. Nun aber ist er alles andere als nützlich. Er macht sich eines Tages „aus dem Staub“, statt für Philemon nützlich zu sein.

Man kann darüber spekulieren, was der Grund für die Flucht des Onesimus ist, zumal er ja mit schlimmen Folgen rechnen muss, falls er erwischt wird. Ist es nur die Arbeit oder hält er es einfach nicht bei „den Frommen“ aus? Hat er als Sklave immer den Gemeindesaal zu putzen, die Stühle zu stellen und immer wieder aufzuräumen? Nerven ihn die frommen Lieder und die Gebete?

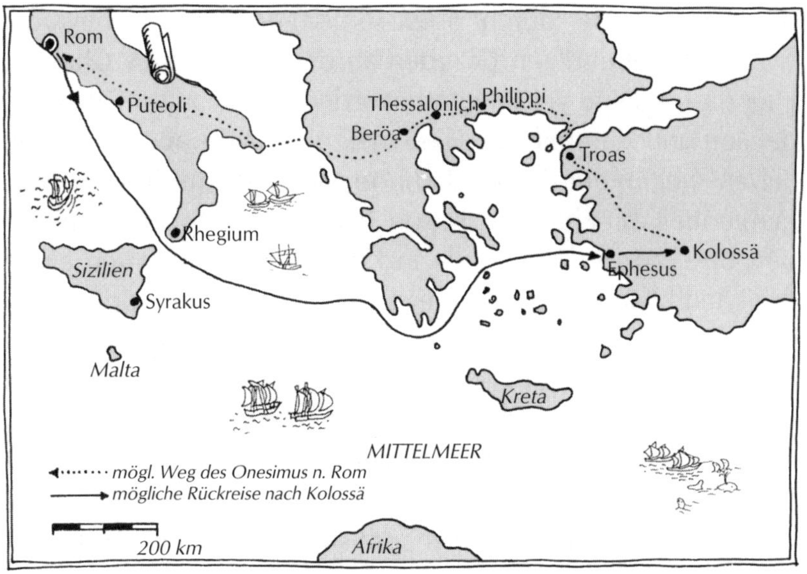

Was mag in Philemon vorgegangen sein, als er eines Morgens seinen Sklaven nicht mehr vorfindet? Wie reagiert ein Christ in solchen Situationen? Hatte er sich als Vorgesetzter immer richtig verhalten? Ähnliche Fragen mag sich heute manch ein gläubiger Firmenchef stellen.

Onesimus jedenfalls taucht unter. Sein Ziel ist die Weltstadt Rom. Ob er da besser unerkannt leben kann? Als entlaufener Sklave muss er den Weg über Land wählen, vorwiegend die Dunkelheit nutzen. Kilometer um Kilometer bringt er hinter sich. Tage, Wochen vergehen. Endlich ist am Ziel seiner Träume: Rom! Vielleicht kann er sich hier irgendwo anheuern lassen, ein freies Leben führen ...

Wie Onesimus in Rom mit dem Apostel in Kontakt kommt, wird uns nicht berichtet. Vielleicht hat er von ihm gehört und will ihn besuchen. Stellen wir uns das vor, als er Paulus besucht und Epaphras aus Kolossä bei ihm trifft! Jetzt kommt alles raus! Er kann nichts mehr verbergen und kommt hier im Haftraum des Apostels, der durch einen römischen Soldaten bewacht wird, zum lebendigen Glauben an den Herrn Jesus Christus. Hier darf er seine Vergangenheit ordnen und vor Gott alles aufdecken und klären. Neues Leben beginnt. Wie aber kann sein Leben weitergehen? Wie kann er ganz praktisch seine Vergangenheit mit Philemon klären. Paulus schreibt also nicht nur den Brief an die Gemeinde in Kolossä, sondern auch einen Brief an Philemon. Dann bittet er Tychikus, der gerade bei ihm ist, diese Briefe nach Kolossä zu bringen. Er soll Onesimus begleiten, damit ihm der Weg zurück leichter fällt. Außerdem gibt er ihm zwei weitere Briefe an die Gemeinden in Laodicäa und in Ephesus mit, die am Weg liegen (Kolosser 4,15-16).

So machen sich Tychikus und Onesimus auf den weiten Weg nach Kleinasien zurück. Nachdem sie den Brief in Ephesus abgegeben haben, geht ihr Weg den Mäanderfluss hinauf, bis der Lycosfluss rechter Hand zufließt. Nach 19 km haben sie die Heimatstadt erreicht. Wie mag es Onesimus ums Herz sein? Ich kann mir sehr gut vorstellen, dass seine Schritte zunehmend langsamer werden, je näher er dem Haus seines Dienstherrn kommt. Kennen wir solche Wege? Wege, wo Dinge in Ordnung gebracht werden müssen?

Wie erleichtert ist Onesimus, als Philemon den Brief des Apostels gelesen hat und ihn, seinen Sklaven, als Bruder in die Arme schließt!

Ich stelle mir vor: Nachdem Onesimus und Tychikus den Philemonbrief überbracht haben, kommt abends die Gemeinde im Haus des Philemon zusammen. Onesimus stellt gerade die Stühle zurecht. Alle Geschwister sind erstaunt, dass er plötzlich nützlich ist und überaus fleißig anfasst. Sie sind erstaunt, dass Philemon ihn nicht verurteilt und straft.

Dann liest Tychikus den Brief an die Gemeinde vor: Da sitzen Philemon und Onesimus zusammen und hören das Wort

Gottes. Der Sklave und der Herr, der Arbeitnehmer und der Arbeitgeber, der Jungbekehrte und der Bruder, der Verantwortung trägt.

Lesen wir einmal unter diesem Aspekt den Kolosserbrief !

> *„Da ist weder Grieche noch Jude, Beschneidung noch Unbeschnittenheit, Barbar, Skythe, Sklave, Freier, sondern Christus alles und in allen."* Kolosser 3,11
> *„Ihr Sklaven, gehorcht in allem euren Herren nach dem Fleisch, nicht in Augendienerei, als Menschengefällige, sondern in Einfalt des Herzens, den Herrn fürchtend. Was ihr auch tut, arbeitet von Herzen als dem Herrn und nicht den Menschen."* Kolosser 3,22-28
> *„Ihr Herren, gewährt euren Sklaven, was recht und billig ist, da ihr wisst, dass auch ihr einen Herrn in den Himmeln habt."* Kolosser 4,1
> *„Vergebt euch gegenseitig, wie auch der Christus euch vergeben hat, so auch ihr!"*
> Kolosser 3,13

Fragen zum Nachdenken:
- Wie begegnen wir den Strömungen und Irrlehren unserer Zeit und stärken die Gemeinde gegen falsche Lehren?
- Wie gehen wir in der Gemeinde mit den unterschiedlichen sozialen und intellektuellen Unterschieden um?

Galatien, Berge oberhalb von Ikonium

14. Zwischen Gesetzlichkeit und Freiheit

Zu Besuch in den Gemeinden Galatiens

Stell dir vor, du kommst in eine Gemeinde, die in frommen Formen erstarrt. Jeder Vorgang hat seine Ordnung und seine Tradition. Jedes zweite Wort heißt: „Das haben wir schon immer so gemacht!", oder: „Unsere Vorväter haben das so festgelegt, und das bleibt auch so." Die Gemeinde nebenan ist da ganz anders. Jeder neue Trend wird gleich umgesetzt, jeder darf gleich mitarbeiten, nach dem Motto: „Man muss die Leute einbinden und sie da abholen, wo sie sind. Jeder soll sich wohl fühlen."

Galatien ist überall

Diese beiden Pole des Gemeindelebens finden wir überall: Entweder herrschen lähmende Gesetzlichkeit und starre Formen oder es wird eine bedenken- und grenzenlose Freiheit propagiert. Ist der biblische Weg eine Gratwanderung? Gibt Gottes Wort uns Rahmen und Formen vor oder ist die Botschaft der Bibel in die individuelle Beliebigkeit eines jeden Christen gestellt?

Diese Fragen sind nicht neu. Bereits die Gemeinden des 1. Jahrhunderts hatten mit diesen Auseinandersetzungen zu kämpfen und Paulus geht in seinem Brief an die Gemeinden in Galatien darauf ein.

Wo liegt das historische Galatien?

Die Galater gehörten zu einem keltischen Volksstamm, der im Zuge der großen keltischen Völkerwanderung im 3. vorchristlichen Jahrhundert über den Balkan in Kleinasien eingebrochen war und sich vorwiegend im nördlichen Teil des Landes angesiedelt hatte. Im Jahr 189 v. Chr. geriet Galatien in die Abhängigkeit Roms. Im Jahr 25 v. Chr. ernannte Augustus das

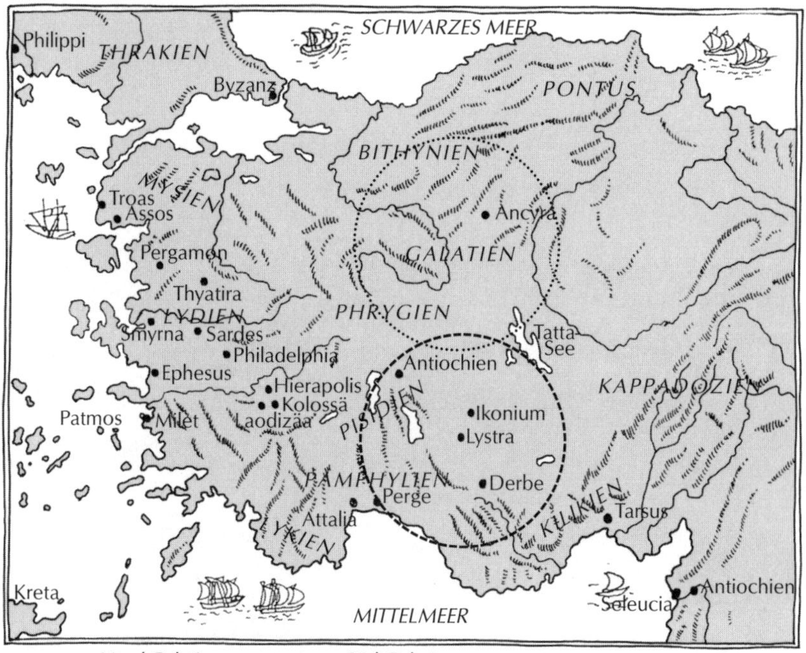

··················Nord-Galatien --------Süd-Galatien

südliche Gebiet zur römischen Provinz Galatien. Ancyra, das heutige Ankara, wird zur Hauptsadt Galatiens und gewinnt immer stärker an Bedeutung. Ursprünglich war Galatien der Name für das Gebiet der zentralen und nördlichen Teile Kleinasiens. Unter der späteren römischen Herrschaft umschließt die Provinz Galatien neben diesem alten Gebiet zusätzlich Teile von Pontus (im Norden), Phrygien (im Westen), Pisidien (im Südwesten) und Lycaonia (im Südosten). Unter den Auslegern herrscht bezüglich der Bedeutung des Wortes Galatien im Neuen Testament Uneinigkeit. Die so genannte Landschaftshypothese versteht unter Galatien das vorrömische Gebiet im Norden Kleinasiens. Die so genannte Provinzhypothese dagegen versteht unter Galatien die römische Provinz, also hauptsächlich das Gebiet, das durch Paulus auf seiner ersten Missionsreise missioniert worden war.

Derbe in Lykaonien

Vielleicht sind auch beide Gebiete gemeint, so wie der Apostel Petrus seinen Brief an die Zerstreuten schreibt, die sich in Pontus, Galatien, Kappadozien, Asien und Bithynien aufhalten. Paulus greift offensichtlich in seinem Brief an die Galater die Unterweisungen auf, die er den jungen Gemeinden im südlichen Galatien auf seiner ersten Missionsreise bereits gegeben hatte.

Die Bevölkerung dieses Gebiets besteht zur Zeit des Neuen Testaments überwiegend aus gallischen Einwohnern. Sie sind Götzendiener, verehren den Fruchtbarkeitsgott Men und die Muttergöttin. Zudem gelten sie als unbeständig und unzuverlässig in ihrem Wesen. Ferner sind zahlreiche Römer vertreten, die in römischen Kolonien leben, außerdem Griechen, die eine Vielzahl von Göttern mitbringen, und Juden, deren Synagogen in jeder Stadt zu finden sind.

Antiochia in Pisidien

Wie kommt das Evangelium nach Galatien?

Frühjahr 47: Barnabas und Paulus landen - von Zypern kommend - in Perge an der Südküste Kleinasiens. Von dort aus geht es steil bergauf, bis sie die 800-1000 Meter hohe Hochebene der inneren Türkei erreichen. Die erste Stadt, der sie dort das Evangelium bringen wollen, ist **Antiochien** in der Landschaft Pisidien. Wie sie es sich zur Gewohnheit gemacht haben, gehen sie zuerst in die dortige Synagoge. Nach dem Vorlesen des Gesetzes werden sie von dem Synagogenvorsteher gebeten, ein Wort an die Versammelten zu richten. Die Predigt des Paulus wird uns in Apostelgeschichte 13,14-41 ausführlich berichtet. Sie erweckt das Interesse der dortigen Menschen derart, dass am nächsten Sabbat fast die ganze Stadt zusammenkommt, um das Wort Gottes zu hören. Viele kommen zum Glauben

und bilden damit die erste Gemeinde auf kleinasiatischem Boden. Die starke Resonanz in der Bevölkerung erregt den Unwillen der Juden, so dass Barnabas und Paulus aus dem Gebiet vertrieben werden. Der nächste Ort, den sie besuchen, ist das 125 km südöstlich entfernte **Ikonium** (Apostelgeschichte 14,1-7). Auch hier kommen viele Juden und Griechen zum lebendigen Glauben. Wieder sind die Juden so aufgebracht, dass sie die Apostel misshandeln und steinigen wollen. Paulus und Barnabas können in die Stadt **Lystra** fliehen, eine etwa 40 km südwestlich von Ikonium gelegene Verteidigungsbastion der Römer, die direkt am Gebirge liegt. Hier ist sehr stark der griechische Götterkult mit Zeus und Hermes zu Hause. Besonderes Aufsehen erregen Paulus und Barnabas in dieser Stadt, als ein lahmer Mann Heilung erfährt. Die Menschen sehen in ihnen Mensch gewordene Götter und wollen sie verehren und ihnen opfern. Paulus kann das gerade eben verhindern. Doch die Euphorie schlägt um, als Juden aus Antiochien und Ikonium kommen und die Bevölkerung gegen die Boten des Evangeliums aufwiegeln:

„Es kamen aber aus Antiochien und Ikonium Juden an, und nachdem sie die Volksmengen überredet hatten und Paulus gesteinigt hatten, schleiften sie ihn zur Stadt hinaus, da sie meinten, er sei gestorben. Als aber die Jünger ihn umringten, stand er auf und ging in die Stadt hinein; und am folgenden Tag zog er mit Barnabas aus nach Derbe."

Apostelgeschichte 14,19-20

Auch hier in **Derbe**, 100 km südwestlich von Lystra, kommen viele zum Glauben und eine Gemeinde entsteht. Die Rückreise führt sie den gleichen Weg. Sie stärken die jungen Gemeinden und machen ihnen Mut.

Während der dramatischen Ereignisse in Lystra scheint auch Timotheus zum Glauben gekommen zu sein (Apostelgeschichte 16,1).

Ungefähr zwei Jahre später - im Jahr 49 n. Chr. - bricht Paulus mit Silas zur zweiten Missionsreise auf. Diesmal kommen sie

Tuffsteingebirge in Kappadozien

nach Galatien, indem sie von Syrien aus, über Tarsus und die Berge Kappadoziens her, die jungen Gemeinden in Derbe, Lystra, Ikonium und Antiochien besuchen.

Beunruhigende Nachrichten aus Galatien

Als der Apostel mit seinen Mitarbeitern kurze Zeit später in Griechenland ist, kommen beunruhigende Nachrichten aus Galatien herüber: Jüdische Gesetzeslehrer haben die jungen Gemeinden beeinflusst. Sie lehren - obwohl die Apostel kurz vorher auf dem Konzil in Jerusalem (Apostelgeschichte 15) ausdrücklich dazu Stellung bezogen hatten -, dass die Gläubigen zusätzlich zum Evangelium auch noch das Gesetz vom Sinai zu halten hätten und dass Christen sich beschneiden lassen müssten.

Paulus reagiert sofort und schreibt den Galaterbrief. Wenn man das erste Kapitel dieses frühen Briefes liest, wird man erstaunt sein über den scharfen Ton, den der Apostel hier anschlägt. Warum tut er das? Nun, Paulus weiß, dass jeder Zusatz zum Evangelium den neuen Glauben zur Religion degradiert und geistliches Leben dadurch zur formalen Traditionen erstarrt. Er schreibt: *„Ich wundere mich, dass ihr euch so schnell von dem, der euch durch die Gnade Christi berufen hat, abwendet zu einem anderen Evangelium, das kein anderes ist; einige verwirren euch nur und wollen das Evangelium des Christus umkehren. Wenn aber auch wir oder ein Engel aus dem Himmel euch etwas als Evangelium entgegen dem verkündigten, was wir euch als Evangelium verkündigt haben: er sei verflucht! Wie wir zuvor gesagt haben, so sage ich auch jetzt wieder: Wenn jemand euch etwas als Evange-*

lium verkündigt entgegen dem, was ihr empfangen habt: er sei verflucht!" Galater 1,6-9

Paulus sieht die große Gefahr, dass die Gläubigen zum Traditionalismus zurückkehren. Deshalb schildert er ihnen in seinem Brief zuerst, wie er selbst zum Glauben gekommen ist und wie er auf dem Apostelkonzil in Jerusalem (Apostelgeschichte 15) für sie, die Galater, gekämpft hat. Er hat Angst um sie, dass sie von der Einfachheit des Glaubens abfallen und sich in Gesetzlichkeit verfangen:

> *„O ihr unverständigen Galater! Wer hat euch bezaubert, denen Jesus Christus als gekreuzigt vor Augen gemalt wurde. Nur dies will ich von euch wissen: Habt ihr den Geist aus Gesetzeswerken empfangen oder aus der Kraft des Glaubens? Seid ihr so unverständig? Nachdem ihr im Geist angefangen habt, wollt ihr im Fleisch vollenden?"* Galater 3,1-3
>
> *„Ich fürchte um euch, ob ich nicht etwa vergeblich an euch gearbeitet habe."* Galater 4,11
>
> *„Meine Kinder, um die ich abermals Geburtswehen erleide, bis Christus in euch Gestalt gewonnen hat."* Galater 4,19
>
> *„Ihr lieft gut. Wer hat euch gehindert, der Wahrheit zu gehorchen!"* Galater 5,7

Um die Galater zurückzugewinnen zur „Freiheit eines Christenmenschen" - wie Luther es formuliert -, stellt der Apostel ihnen den Herrn Jesus vor, seine Freiheit und seine Gnade statt eines Gesetzes, dass auch die Galater nicht halten können.

Und heute?

Leben wir heute nicht auch zwischen diesen beiden Polen:

Einengende Gesetzlichkeit oder grenzenlose Freiheit? Askese und Reglementierung des Glaubenslebens oder Beliebigkeit der Nachfolge? Auf welcher Seite fallen heute Christen „vom Pferd"?

Peter Wössner schreibt in seinem Buch „Rampenlicht" über den „Rock-Chaoten" Hermann Kleitner, nachdem dieser zum Glauben gekommen ist: „Er hatte bisher einen extremen Lebensstil geführt, nun versucht er, seinen Glauben ebenso extrem zu leben. Dabei entwickelt er sich zu einem schlimmen ‚Bruder Fürchterlich'. Fast könnte man meinen, er sei überzeugt, dass mit ihm die Geschichte des Christentums erst richtig beginne. Zunächst wird Hermann zum Asketen. Er kauft sich keine Butter und keine Margarine mehr, sondern isst Brot ohne Belag. Seinen Mitchristen predigt er nachdrücklich Enthaltsamkeit. Wie ein trockener Schwamm das Wasser aufsaugt, so saugt Hermann allen möglichen Unsinn auf, den er zu hören bekommt. Und er verkündigt immer wieder neue Gebote: ‚Wer wirklich gläubig ist, darf kein Fleisch mehr essen.' Der einfache Lebensstil hat es ihm angetan. Er verzichtet auf jeden Toilettenartikel und wäscht sich nur noch mit Kernseife. Jeder erscheint ihm verdächtig, der in seinen Augen wohlhabend ist. Er ist überzeugt, dass sich anständige Christen kein großes Auto leisten dürfen. Wer sich modisch kleidet, wird von ihm als eitel verurteilt. Bald gibt es im Bibelkreis zwei Gruppen: die in seinen Augen lauen Christen und die bußfertigen Asketen um Hermann, denen in Fasten, Beten und Frömmigkeit keiner etwas vormachen kann."

Ist Gesetzlichkeit das, was die Bibel Heiligung nennt? Auf der anderen Seite gibt es die Soft-Christen, die ein „Christsein light" leben und sich mit der Welt arrangieren. Auch davor warnt Paulus im Galaterbrief: *„Ihr seid zur Freiheit berufen worden, Brüder, nur gebraucht nicht die Freiheit als Anlass für das Fleisch."* Galater 5,13

Was ist Gesetzlichkeit?

Hier wird ein Leben in der Abhängigkeit von Gott durch Gesetze ersetzt, die über der Bibel stehen. Sie werden als Maßstab gesehen, ob man ein guter, Gott wohlgefälliger Christ ist oder nicht. Oder es wird etwas zum Evangelium hinzugefügt, was als heilsnotwendig angesehen wird. Im Katholizismus zum Beispiel sind Traditionen und Überlieferungen sowie alttestamentliche Gebote und Riten wichtig: die Sakramente. Im Protestantismus wird das Evangelium aufgeweicht und durch ein übertriebenes Freiheits- und Toleranzdenken ergänzt. In der Charismatik wird zusätzlicher Wert auf geistliche Erfahrungen, die so genannte Geistestaufe und die Betätigung der Sprachengabe gelegt.

Und bei uns? Neigen wir nicht dazu, die Tradition und die „Überlieferung der Väter" hochzuhalten? Alle diese Verhaltensweisen sind in der Regel Gefahren der zweiten und dritten Generation einer Bewegung. Nicht mehr der Herr ist der Mittelpunkt des Glaubenslebens, sondern Formen und Riten, die es einzuhalten gilt, um sich einem Kreis von Christen anzupassen und deren Norm zu entsprechen. Natürlich ist dabei zwischen klaren Aufforderungen des Neuen Testaments und eigenen Interpretationen, Gewohnheiten oder Anordnungen zu unterscheiden.

Die Gefahren der Gesetzlichkeit

Echtes geistliches Leben wird verhindert und der Heilige Geist in meinem Leben erstickt. Stattdessen lebe ich nach Normen und Schemen, nach selbstauferlegten Regeln und Gesetzen, die ich auf andere übertrage. Gesetzlichkeit führt zur Heuchelei, da ich merke, dass ich nicht vollkommen bin (vgl. Galater 2,11-16). Sie führt zur Absonderung von anderen Gläubigen und zu Selbstgerechtigkeit und Stolz.

Was ist unbiblische Freiheit?

Die andere Seite ist ebenso gefährlich: Eine unbiblische Freiheit, bei der ich tun und lassen kann, was ich will. Sie führt zu einem undisziplinierten Glaubensleben, das andere durch mein Vorbild gefährdet. Sie führt ebenso zu Heuchelei, da sie zu Unheiligkeit und Sünde verführt.

Wie können wir denn leben?

Paulus nennt uns im Galaterbrief sechs Hilfen gegen Gesetzlichkeit und unbiblische Freiheit. Sie sollen uns helfen, in der biblischen Freiheit zu leben. Sie wird erlebt und gelebt in der engen Bindung und Verbindung zu unserem Herrn Jesus.

1. Galater 4,30: *„Was sagt die Schrift?“* Dieses Prinzip sollte immer die Grundlage unseres Lebens sein.
2. Galater 5,1: *„Für die Freiheit hat Christus uns freigemacht. Steht nun fest und lasst euch nicht wieder durch ein Joch der Sklaverei belasten.“* Wir sind freigemacht von der Sünde, freigemacht von dem Druck des Gesetzes, das wir nicht halten können, freigemacht, um unserem Herrn zu dienen. Das schafft ein weites Herz für meinen Herrn und die anderen Gläubigen, aber ein enges Herz gegen die Sünde.
3. Galater 5,13: *„Dient einander durch die Liebe.“* Diese Aufforderung steht im Gegensatz zur egoistischen Freiheit, die dem eigenen Ich dient. Stattdessen sollen die Mitgeschwister in meinem Blickfeld stehen.
4. Galater 5,18: *„Wenn ihr aber durch den Geist geleitet werdet, seid ihr nicht unter Gesetz.“* Die Leitung meines Lebens durch den Geist Gottes verhindert eine falsche Freiheit und Gesetzlichkeit. Ich frage statt Regeln zu befolgen oder mich über sie hinwegzusetzen: Was will Gott durch seinen Geist

mit und durch mich bewirken?

5. Galater 5,22: *„Die Frucht des Geistes aber ist: Liebe, Freude, Friede, Langmut, Freundlichkeit, Güte, Treue, Sanftmut, Enthaltsamkeit."* Frucht entsteht nicht durch krampfhaftes Bemühen oder durch Gesetze. Jeder Landwirt weiß: Frucht ist das logische Ergebnis von Saat und Nährstoffen. Das heißt: Mein Leben wird für Gott fruchtbringend, wenn ich den Samen, das Wort Gottes in mir aufnehme und mich durch sein Wort ernähre. Die stete Verbindung zu ihm, meinem Herrn, und das Geführtwerden durch seinen Geist gibt geistliches Wachstum und bringt Frucht für Gott.

Das wollen wir mit den Galatern immer wieder neu lernen.

„Die Frucht des Geistes aber ist: Liebe, Freude, Friede, Langmut, Freundlichkeit, Güte, Treue, Sanftmut, Enthaltsamkeit." Galater 5,22

Fragen zum Nachdenken:

- Habe ich eine lebendige Beziehung zu Jesus Christus oder besteht mein Leben nur aus Regeln, Formen und Normen?
- Leben wir in unserer Gemeinde nach überkommenen Traditionen oder kann der Geist Gottes wirken?

Kreta, Palast in Knossos

15. Im Kampf gegen die eigene Mentalität

Zu Besuch in den Gemeinden Kretas

In einer Aussage im Titusbrief charakterisiert Paulus die Bewohner von Kreta. „Faule Bäuche“ nennt er sie. Was ist das für ein Gebiet gewesen und wie mögen die Gemeinden auf dieser Insel im Mittelmeer gewesen sein? (Vgl. Info-Kasten auf Seite 227)

Kreta, die südlichste Insel Europas, ist 240 km lang und zwischen 10 und 56 km breit. Sie bildet das Hauptglied eines gebirgigen Inselbogens, der sich vom Peleponnes über Kreta, Karpathos und Rhodos bis nach Kleinasien erstreckt.

Die Insel ist von mächtigen Gebirgsmassiven beherrscht. Von Westen nach Osten sind das die Weißen Berge (2452 m), das Idagebirge (2436 m), das Lassithigebirge (2148m) und das Sitiagebirge (1476 m). Zum Norden hin fällt das Gebirge ab und geht in eine fruchtbare Landschaft über.

Cortis, die alte Hauptstadt Kretas, in der fruchtbaren Messara-Ebene gelegen, wird z. Zt des Neuen Testaments der Brotkorb Roms genannt.

Kreta gilt als die „Wiege“ abendländischer Kultur

Etwa um 2000 v. Chr. kamen große Einwandererströme herüber - vermutlich aus Kleinasien -, die die Einwohner assimilierten. Daraus entstand das Volk der „Minoer“, das Kreta zu einem berühmten Kulturvolk machte. Ausgrabungen legten etliche Bauten der minoischen Zeit frei. So z. B. den berühmten Palast von Knossos (s. Abb. S. 228).

Die Minoer pflegten gute Handelsbeziehungen zu Griechenland, der gesamten Ägäis, der syrischen Küste und vor allen Dingen zu Ägypten. Das wird deutlich durch Ausgrabungen: Sowohl ägyptischer Einfluss auf Kreta als auch kretischer Einfluss auf Ägypten lassen sich nachweisen.

Besonders zu erwähnen ist in diesem Zusammenhang die

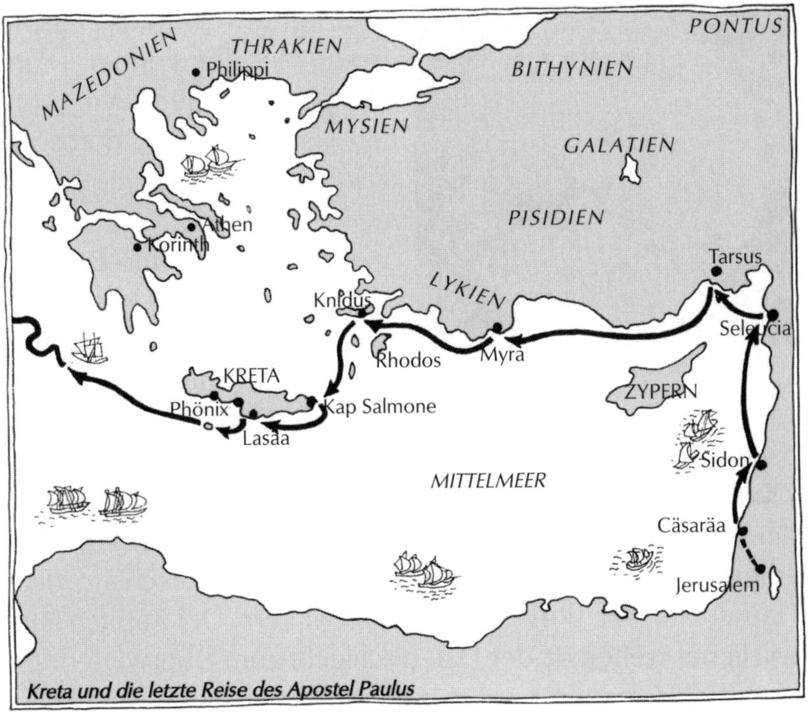

Kreta und die letzte Reise des Apostel Paulus

Diskusscheibe von Festos mit Hieroglyphen ähnlichen Zeichen, die bis heute nicht gedeutet werden konnten.

Aus der Zeit um 500 v. Chr. existiert eine Gesetzestafel in der Stadt Gortis (Gortina) mit 1700 Schriftzeichen, die 10 m lang und 3,5 m hoch ist.

Von 400 - 67 v. Chr. beherrschten die Griechen Kreta, von 67 v. Chr. bis 395 n. Chr. die Römer. Homer erwähnt, dass zur Zeit des Neuen Testaments etwa **90 Städte** auf Kreta existierten.

Wie kam das Evangelium nach Kreta?

Bereits bei der großen Pfingstpredigt des Petrus in Jerusalem werden unter den Zuhörern Kreter erwähnt (Apostelgeschichte 2,5-11) und es scheint so, dass bei der ersten großen

Kreta. Der Diskus von Festos. Kretische Hieroglyphen

Bekehrungswelle auch etliche dieser Inselbewohner zum Glauben kommen. Wir können vermuten, dass durch sie das Evangelium auf die Mittelmeerinsel gelangt.

Auf der Romreise des Apostels Paulus (Apostelgeschichte 27,7-13.21) in den Jahren 61-63 n. Chr. umsegelt das alexandrinische Schiff die Insel, da es vom Kurs abkommt. Es fährt an Salmone, dem östlichen Zipfel, vorbei und läuft den Ort „**Schönhafen**" an, der ganz in der Nähe der Stadt **Lasäa** am mittleren Südufer Kretas (27,8) gelegen ist, das heutige ***Kali Limenes***. Paulus schlägt dem Hauptmann vor, dort besser zu überwintern. Der Kapitän aber will lieber weiter, da der Hafen schlecht zum Überwintern geeignet ist. Zumindest will er bis **Phönix** am südwestlichen Ufer kommen (27,12), dem heutigen ***Finix*** bei ***Loutro*** und ***Chora Sfakion***. Sie lichten die Anker, als ein Südwind sanft weht, da sie meinen, so ihr Ziel zu erreichen.

Kurz darauf aber entwickelt sich ein Nordoststurm, der sie mitreißt und sie an der Insel **Klauda** entlang (heute: ***Gaudos***) vorbei in Richtung Syrte (nordafrikanische Küste) von Kreta wegtreibt. Sie stabiliseren das Schiff, lassen die Fracht ab, später sogar das Schiffsgerät, da sie befürchten, an der nordafrikanischen Küste zu stranden. Es verschlägt sie dann nach einer 14-tägigen turbulenten Fahrt auf die Insel Malta. Von dort setzen sie nach 3 Monaten mit einem anderen Schiff die Reise nach Rom fort.

Die einheimische, heute orthodoxe Bevölkerung behauptet, dass während dieser Zeit des Schiffsaufenthaltes Paulus in

Kretas Bevölkerung z. Zt. des Neuen Testaments:
Minoer, Dorer, Griechen, Juden, Römer
Die Mentalität der Kreter:
Der Dichter Epimenides berichtet in „Über die Orakel" in einem Dialog von Minor mit Zeus: „Die Kreter sind immer Lügner, böse Tiere und faule Bäuche."
Paulus zitiert diese Aussage in Titus 1,12. Damit wird charakterisiert:
Lügner: kretisch leben = lügen, veleumden.
Böse, wilde Tiere: Grausame Bekämpfung auch untereinander. Sie widersetzen sich jeder Fremdherrschaft (vgl. Titus 3,1), sie sind Demokratie gewohnt, Unterordnung fällt ihnen schwer (vgl. Hinweis auf die Ältesten)
Faule Bäuche: Sie genießen übermäßiges Essen und Trinken.
Sie sind anfällig für Mythen und Sagen. Es gibt viele griechische Sagen über Kreta: Minotaurus im Labyrinth, Dedalos und Ikarus (vgl. sie sollen nicht auf jüdische Fabeln achten).
Syn**kreti**smus: Hat seinen Ursprung auf Kreta und meint: alle Religionen anerkennen und vereinen.
Die Familienstruktur auf Kreta ist das Patriarchat. Die Frau ist für die Kinder und die Landwirtschaft zuständig. Aber die Gastfreundschaft wird auf Kreta groß geschrieben.
Kreta im Alten Testament:
Im Alten Testament begegnen wir Kreta unter dem Namen **Kaftor** (1. Mose 10,14; 5. Mose 2,23). Von dort kommen die Philister (Jeremia 47,4).
Nach 2. Samuel 8,18; 15,18 und 23,23 gehören die Kreter und Pleter zu den Helden Davids (2. Samuel 10,7). Offensichtlich hat David ausländische Söldner und Bedienstete, die in besonderer Weise seinem Haus loyal verbunden sind.

Kreta, Ida-Gebirge

Kreta, Der Palast von Knossos. 1500 v. Chr.

Gortis gewesen und dort die erste Gemeinde entstanden sei. Die Kirchengeschichte jedoch vermutet - und es passt besser in den biblischen Zusammenhang (vgl. Titus 1,5) -, dass Paulus **nach seiner ersten Gefangenschaft** in Rom um das Jahr 62 auf Kreta gewesen ist, um dann Titus dort in Gortis zu lassen, damit er *„was noch mangelte"* in Ordnung bringe, bis Artemas und Tychikus nach Kreta kommen würden (3,12). Danach soll er nach Nikopolis kommen. Ab 64 n. Chr. ist Paulus wieder gefangen.

Weshalb schreibt Paulus den Titusbrief?

Paulus scheint nicht lange auf Kreta gewesen zu sein. Doch geht aus dem Titusbrief hervor, dass es zur Zeit der Abfassung des Briefes bereits mehrere Gemeinden auf Kreta gegeben ha-

ben muss, die jedoch insbesondere in ihrem menschlichen Mitein- ander Schwierigkeiten gehabt haben, weniger in der Lehre. Paulus erkennt, dass die Schwierigkeiten in der Mentalität der kretischen Bewohner liegen, die offensichtlich auch die Gläubigen in den Gemeinden nicht verleugnen konnten: „Faule Bäuche".

Er zitiert hier in Titus 1,12 ein Wort des kretischen ***Dichters Epimenedes*** aus dem 6. Jahrhundert v. Chr., um ihren Zustand durch ihren eigenen Landsmann zu charakterisieren.

So spricht Paulus im Titusbrief diese Nöte an:

1. Es geht um die Leitung der Gemeinden durch befähigte Älteste und Diener (Titus 1,5-9). Sie sind junge Gemeinden und ihnen fehlen Führer oder sie haben Streit um die Durchführung der Ältestenschaft.
2. Es geht um Schwätzer, Sektierer und falsche Lehren, die um sich greifen (Titus 1,10-13; 3,4).
3. Es geht um ihr Verhältnis zu den staatlichen Obrigkeiten (Titus 3,1).
4. Es geht um das rechte Verhalten der Generationen in der Gemeinde (Titus 2,1-10).
5. Und es geht um die Praxis des christlichen Lebens. Statt faul zu sein, sollen sie aktiv gute Werke tun.

Wen beauftragt Paulus mit der Behebung der Mängel?

Titus, der fleißige Mitarbeiter des Apostels, wird in der Apostelgeschichte nicht erwähnt, aber umso mehr in den Briefen (2. Korinther 2,13; 7,6.13.14; 8,6.16.23; 12,18; Galater 2,1-3; 2. Timotheus 4,10; Titus 1,4). Er ist gebürtiger Grieche (Galater 2,3) und offensichtlich durch Paulus zum Glauben gekommen. Er nennt ihn *„mein echtes Kind"* (Titus 1,4).

Nach Galater 2,1 war er zu der Zeit in Antiochien, als die schwierige Frage der Beschneidung und des Haltens der Gebote dort erörtert wurde. Er begleitete damals Paulus und Barnabas auf der Reise nach Jerusalem als Zeugnis der Gnade Gottes unter den Nationen (Apostelgeschichte 15,2: *„etliche andere Brüder"*). Dort wurde er nicht gezwungen, sich beschneiden zu lassen, er war sozusagen ein „Fallbeispiel" (Galater 2,3) dafür, dass ein Grieche zum Glauben kam.

Der **Charakter** des Titus geht aus 2. Korinther 8,16 und 7,15 hervor: *„Eifer im Herzen des Titus"* und *„mein Genosse und in bezug auf euch mein Mitarbeiter"*. Zudem scheint er eine stärkere Persönlichkeit gewesen zu sein als Timotheus, denn die Korinther empfingen ihn mit *„Furcht und Zittern"* (2. Korinther 7,15). Deshalb kann er von Paulus für verschiedene wichtige zu klärende Aufgaben eingesetzt werden.

Offenbar hatte Paulus ihn nach Korinth gesandt (vielleicht mit dem 1. Brief), um die Schwierigkeiten dort auszuräumen. Als sich Paulus dann auf die 3. Missions-Reise machte, hatte er ihn bereits in Troas erwartet, fand ihn dort jedoch nicht (2. Korinther 2,13) und setzte seine Reise beunruhigt - ihm entgegengehend durch Mazedonien fort. Dort traf er ihn und wurde *„durch seine Ankunft getröstet"*. Titus berichtete ihm von der guten Aufnahme des 1. Korintherbriefes und der guten Entwicklung in Korinth (2. Korinther 7,6.13-14).

Dann hatte er ihn noch einmal nach Korinth gesandt, um die Sammlung für die Armen in Jerusalem zu veranlassen (2. Korinther 8,6), schließlich war er ja bei der Beschlussfassung für diese Sammlungen in Jerusalem dabei gewesen (Apostelgeschichte 15).

Titus ist also - obwohl noch jung - bereits ein bewährter Mann, und so lässt Paulus ihn auf Kreta, um dort die Schwierigkeiten zu beheben. Er gibt ihm folgende konkreten Aufgaben:

- was noch mangelt, in Ordnung zu bringen,
- in jeder Stadt Älteste anzustellen (d. h. in jeder Stadt gibt es bereits eine Gemeinde),
- ihnen ein gutes Vorbild zu sein (Titus 2,7-8.15),
- sie mit Nachdruck zu ermahnen, gute Werke zu tun (2,13),
- ihnen den falschen Lehren (Schwätzereien) die gesunde Lehre entgegenzustellen (2,1),
- sie streng zurechtzuweisen (1,13),
- sie auf ihren staatlichen Gehorsam hinzuweisen (3,1),
- nicht zu streiten (3,9),
- nach getaner Arbeit dann zu Paulus nach Nikopolis zu kommen (3,12).

Später finden wir Titus noch in Dalmatien/Jugoslawien erwähnt (2. Timotheus 4,10).

Die Frage der Führung einer Gemeinde

Auch wir haben heute häufig Probleme mit der Frage der Führung einer Gemeinde. Die Führungsfrage ist ins Zwielicht gekommen. Ich denke, dies ist zur Zeit ein besonders deutsches Problem. Wir sind in unserem Volk allergisch geworden durch eine missbrauchte Führung im so genannten Dritten Reich. Die Reaktion darauf war in den 60er Jahren, möglichst jede Führung abzulehnen, die antiautoritäre Zeit entstand. *„Jeder tat, was recht war in seinen Augen“* (Richter17,6; 21,25). Aber in Sprüche 11,14 heißt es: *„Wo es an Führung fehlt, verfällt ein Volk.“* Und das trifft sicher auch auf unsere Gemeinden zu.

Heute ist zwar der Wunsch nach Führung wieder da, aber es gibt wenige, die wirklich führen.

Das biblische Führungsprinzip

Sieben Punkte sollen uns die Prinzipien von biblischer Führung deutlich machen:

1. Neben der direkten Führung eines jeden Gläubigen durch Gott, gibt es auch die indirekte Führung Gottes durch von ihm eingesetzte Führer in der Gemeinde. D. h., biblische Führung ist immer eine von Gott abgeleitete Führung und Autorität.
2. Biblische Führung ist nie Selbstzweck, sondern soll zu Gott führen und geistliche Auferbauung bewirken. D. h., sie ist nicht Amt, sondern Dienst.
3. Führer im Volk Gottes sind nie selbstgewählt, sondern von Gott berufen (Theokratie, nicht Demokratie).
4. Gottes Berufung zum Führer bedeutet nicht von vornherein die Anerkennung durch die Geführten (s. die Propheten im Alten Testament; 1. Thessalonicher 5,12: *„erkennet, anerkennet“*).
5. Nicht jeder, der sich zum Führer ernennt, ist von Gott berufen. Früher oder später werden es die Geführten (Verführten) erkennen, wenn sie selbst von Gott geführt werden.
6. Den echten Führer/Ältesten kennzeichnet die Unterordnung und Demut unter Gottes Führung aus.
7. Das biblische Führungsprinzip bedeutet immer in erster Linie Vorbild für andere zu sein.

Heute findet man in manchen Kreisen oft andere - nicht biblische - Begriffe zur Führung einer Gemeinde: Gemeindeleiter, Ältestenrat, Leitungsgremium, Gemeindeversammlung.

Die Bibel gebraucht dagegen folgende Begriffe, um die Aufgaben der Führung zu umreißen:

Älteste	Damit wird Weisheit, Lebenserfahrung und Vorbild ausgedrückt (Apostelgeschichte 20,17).
Aufseher	Achthaben und Wachen stehen damit im Vordergrund (von griech. *episkopos*: Bischof; Apostelgeschichte 20,28).
Führer	Vorangehen, Richtung zeigen (Hebräer 13,7).
Verwalter	Rechenschaft ablegen, fremdes Eigentum verwalten (von griech. *oikonomos*; Titus 1,7).
Hirten	Sorge, Pflege und Schutz, d. h. nicht „Beamtentum“, sondern sorgsames Mühen um die anvertrauten Seelen (1. Petrus 5,2).

Gerade hier auf Kreta ist es für Paulus wichtig, auf die Qualifikationen der Ältesten und Führer hinzuweisen, da die Kreter in Gefahr stehen, von ihrer Mentalität her nicht dem biblischen Bild zu entsprechen. Entsprechen wir diesem „Ältestenspiegel“, wenn wir diese Aufgaben in der Gemeinde tun? In vier Bereichen unseres Lebens sind wir gefordert: im persönlichen Charakter, in der Familie, in der Gemeinde und vor der Welt.

Wenn auch Älteste immer in der Mehrzahl genannt werden, so werden sie in Bezug auf die Verantwortung ihres Lebens einzeln angesprochen.

Wie werden Älteste berufen und bestätigt?

Dieser Punkt ist heute sehr umstritten. In vielen Kreisen wird der Ruf laut, dass man - wenn schon nicht demokratisch wählen - dann doch wenigstens Älteste öffentlich benennen sollte. Folgende Fragen tauchen aber dabei auf:

- Ist die Wahl eines Gremiums die Lösung des Problems?
- Können wir durch ungeistliche Mittel geistliche Resultate erzielen?

Was sagt die Bibel dazu?

In Apostelgeschichte 20,28 heißt es, dass der Heilige Geist Aufseher eingesetzt hat. In 1. Thessalonicher 5,12 werden die Gläubigen aufgefordert, die zu erkennen, die unter ihnen arbeiten, und dass diese um ihres Werkes willen geachtet werden sollen. Das heißt doch, dass Älteste an ihrer Arbeit in der Gemeinde zu erkennen und dann auch zu respektieren sind. Das braucht also keine Wahl oder große Proklamation. Stattdessen wird die Gemeinde aufgefordert, sie durch ihren Gehorsam und ihre Achtung zu bestätigen (1. Timotheus 5,17; 1. Thessalonicher 5,12; Philipper 2,29 und Hebräer 13,17). Wie oft aber werden die Brüder, die uns führen, kritisiert, bloßgestellt und angegriffen.

Warum fordert Paulus Titus auf, *„in jeder Stadt Älteste anzustellen“* (Titus 1,5)? Was bedeutet der Bericht in Apostelgeschichte 14,23: „Als sie ihnen aber in jeder Gemeinde Älteste gewählt hatten“?

Nun, ich denke, hier ist nicht von einer demokratischen Wahl die Rede, sondern von einer situationsbedingten Regelung: In Kleinasien haben Paulus und Barnabas in apostolischer Autorität den jungen Gemeinden Älteste gegeben, da diese Gläubigen sie noch nicht in ihrer Mitte an ihrer Arbeit erkennen konnten. Auf Kreta liegt es wohl an der eindeutigen Charakterschwäche der Inselbewohner, weshalb Titus „nachhelfen“ sollte.

Wie wichtig ist es, dass wir heute ebenfalls zu einer biblischen Führung in den Gemeinden kommen und sie praktizieren in der Abhängigkeit von unserem Herrn. Lasst uns vermehrt für die Ältesten und ihre Familien beten, dass sie ihre Aufgabe wahrnehmen können.

> *„Die Gnade Gottes ist erschienen, heilbringend allen Menschen, und unterweist uns, damit wir die Gottlosigkeit und die weltlichen Lüste verleugnen und besonnen und gerecht und gottesfürchtig leben in dem jetzigen Zeitlauf, indem wir die glückselige Hoffnung und Erscheinung der Herrlichkeit unseres großen Gottes und Heilandes Jesus Christus erwarten."* Titus 2,11-13

Fragen zum Nachdenken:

- Wird mein Leben in der Nachfolge mehr von meinem Charakter oder von den Erwartungen meines Herrn bestimmt?
- Ist mir die Frage der Führung in unserer Gemeinde ein Gebetsanliegen?

(Nähere Ausführungen dazu in dem Buch „Heiße Eisen in Gemeinden", Christliche Verlagsgesellschaft, Dillenburg)

Bibelstellen-register

Bildnachweis

Fotos:
Biblical Resources: 47
Stefan Drüke: 91, 95u., 212
Reinhard Schmidt: 35, 43
MEV-Verlag: 51, 60, 69, 164, 179, 221.
Eberhard Platte: Titel, 13, 17, 33, 36, 39, 42, 44, 45, 50, 59, 66, 71, 117, 152, 197.
Dieter Ziegeler: 137, 140, 141 u., 180, 182, 183, 185, 186, 187, 194 o.
Archiv (N.N.): 81, 82, 85, 95o., 97, 107, 119, 123, 124, 126, 127, 128, 129, 141o., 142, 143, 145, 147, 148, 149, 157, 158, 160, 161, 162, 194u., 204, 209, 213, 214, 215, 223, 224, 226, 227, 228, 229.

Zeichnungen:
Konrad Alberts: 3, 35, 83, 109, 125, 139 o., 159, 181.
Andreas Fett: 115.
Eberhard Platte: 15, 36, 37, 55, 93, 99, 104, 127, 131, 151, 166, 170, 189, 199, 200, 205, 211, 225.

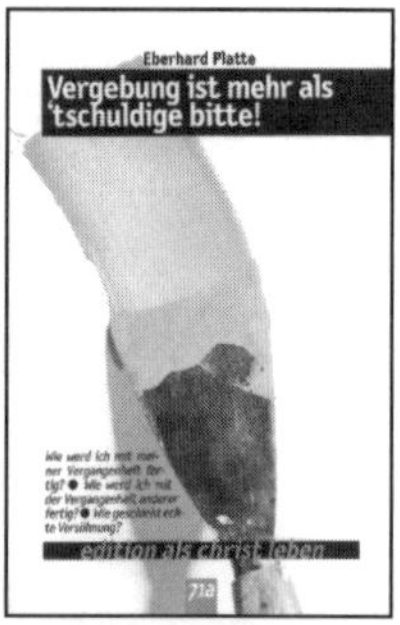

Vergebung ist mehr ...!
Wie geschieht echte Versöhnung?
Pb 80 Seiten, Best.-Nr. 273.364, Preis: € 4,90

„Ich will ja vergeben, aber vergessen kann ich es ihm nicht!" Wie oft haben wir diesen Satz schon gehört - oder sogar selbst gesagt.

Was ist Vergebung wirklich? Was ist Versöhnung? Ein Thema, das uns alle angeht, sowohl in unseren Familien, in den Gemeinden als auch in unserer Nachbarschaft.

Wie kann die oft bekannte Theorie der Vergebung bei uns Praxis werden?

Leben auf dem Pulverfass?
Wie gehen wir mit unseren Gedanken um?
Pb 96 Seiten, Best.-Nr. 273.403, Preis: € 5,90

„Wenn jeder vor der Stirne hätt' ein Fensterlein, dahinter die Gedanken schwirr'n und jeder könnte schau'n hinein! Ach was gäb das ein Laufen, um matte Scheiben einzukaufen ..."

Dürfen wir denken, was wir wollen? Sind die Gedanken wirklich frei? Wie können wir unsere Gedanken disziplinieren und unter Kontrolle bekommen?

Ein heikles Thema, das wir oft den Psychologen überlassen und in Gemeinden kaum behandelt wird.

Einführung in die biblische Seelsorge
Psychotherapie und biblische Seelsorge
Pb 160 Seiten, Best.-Nr. 273.402, Preis: € 8,90

„Schlechte Therapie kann aus einem hilfesuchenden Menschen binnen Wochen einen Psychokrüppel machen" (Christof Fasel in Stern 27/95). Laut einer Studie der WHO leidet in den westlichen Industrieländern jeder 4. Patient eines Hausarztes an psychischen Störungen. In der BRD gibt es ca. 20.000 Therapeuten, die über 600 Therapieformen anbieten ...
Was sagt die Bibel zum Thema Therapie und Seelsorge?

Sprechstunde bei Jesus
Der Sohn Gottes als Seelsorger
Pb (in Vorbereitung)

Was ist, wenn man niedergeschlagen und depressiv ist? Wie hilft man okkult belasteten Menschen? Braucht ein selbstbewusster Egoist Seelsorge? Wie geht man in der Seelsorge mit Randgruppen um? Ist Seelsorge Sache von Spezialisten oder Aufgabe der Gemeinde? Christliche Psychotherapie hat Hochkonjunktur. Wer lernen will, was biblische Seelsorge ist, muss bei Jesus Christus in die Lehre gehen.

Unsere Ehe soll noch besser werden
Zu Besuch bei Ehepaaren der Bibel
Pb 204 Seiten, Best.-Nr. 273.362, Preis: € 9,90

Merkwürdig: Für jede berufliche Tätigkeit macht man eine Ausbildung und nimmt an Fortbildungsmaßnahmen teil; nur in die Ehe schlittern viele völlig unvorbereitet nach dem Motto: „Wird schon schief gehen!" Wen wundert es noch, dass es dann schief geht ...?

Dieses Buch entstand, weil das Thema ein Tabu in vielen Gemeinden ist. Kaufen Sie es am Büchertisch Ihrer Gemeinde für ein anderes Ehepaar, aber lesen Sie es selbst ...

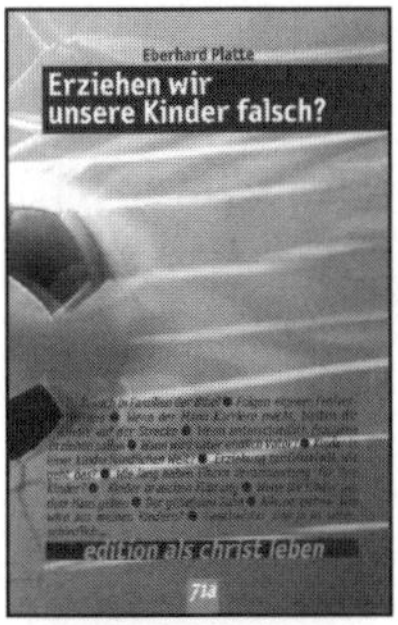

Erziehen wir unsere Kinder falsch?
Zu Besuch bei Familien der Bibel
Pb 208 Seiten (in Vorbereitung)

Da spielen einige Kinder „Mutter, Vater, Kind". Es geht um die Verteilung der Rollen. „Nein", sagt Sascha, „ich bin nicht das Kind, da muss ich nur tun, was ihr wollt. Ich bin der Vater!" - „Pah", wirft Ines ein, „du willst ja nur faul im Sessel sitzen und dich bedienen lassen."

Welches Bild haben unsere Kinder von der Familie und wie können wir sie zu dem erziehen, was die Bibel als Zielsetzung für Christen hat?

Darüber spricht man nicht
Tabuthemen bei Christen? Pb (in Vorbereitung)

Oft scheint der Spruch zu gelten: „Es kann nicht sein, was nicht sein darf." Und deshalb wird es verschwiegen. Doch dadurch wird keinem geholfen. Wir müssen lernen, über heikle Themen ins Gespräch zu kommen, um uns gegenseitig als Christen helfen zu können bzw. uns helfen zu lassen. Dieses Buch bricht das Schweigen über sexuellen Missbrauch bei Christen, über Alkoholmissbrauch, über die Ursachen übler Nachrede, über Hochmut und über Machtmissbrauch in der Gemeinde.

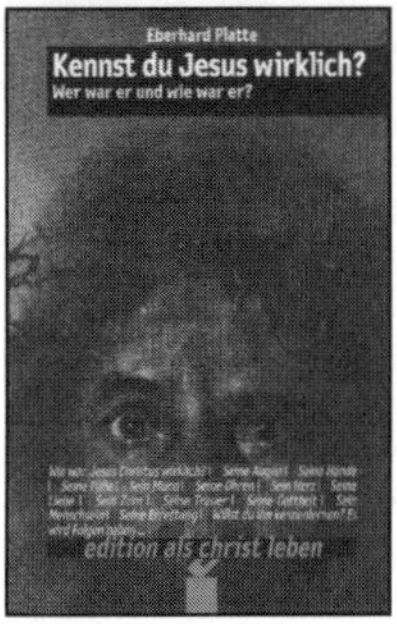

Kennst du Jesus wirklich?
Wer war er, und wie war er? Pb (in Vorbereitung)

Ob er braune Augen hatte, darüber schweigt die Schrift. Ob er klein oder groß war, ist offensichtlich nebensächlich. Aber wie sahen diese Augen die Menschen an und wie waren seine Hände tätig, wie empfand sein Herz , wenn er die Not der Menschen sah. Wir wollen ihn begleiten und ihn kennen lernen. Johannes Bugenhagen, der Freund Luthers, sagt es so: „Hast du Jesus, magst du nichts anderes mehr wissen; hast du Jesus nicht, was nützt dir alles andere Wissen."

Gemeinde im Aufbruch
Zu Besuch in Gemeinden der Bibel
Pb 240 Seiten, Best.-Nr. 273.400, Preis: € 10,90

Wie hat sich Gott die Gemeinde vorgestellt? Stell dir vor, du kommst in eine Gemeinde und keiner kann dir erklären, warum er dazu gehört! Stell dir vor, deine Gemeinde wächst! Stell dir vor, es kommt wieder Freude in deine Gemeinde! Stell dir vor, deine Gemeinde wird missionarisch aktiv! Stell dir vor, in deiner Gemeinde verändern sich sogar „faule Bäuche"!

Wie sahen die neutestamentlichen Gemeinden aus und was können wir heute von ihnen lernen?

Heiße Eisen und Tabus in Gemeinden?
Fragen, die nur selten offen gestellt werden
Pb 128 Seiten, Best.-Nr. 273.401, Preis: € 7,90

Warum tun sich manche Gemeinden so schwer, biblische Grundsätze zu verwirklichen? Auf der einen Seite möchte man sich dem Trend der Zeit nicht verschließen und als offen und tolerant gelten, auf der anderen Seite soll das Etikett bibeltreu erhalten bleiben. Wie stehen wir zu den heiklen Fragen und wie können wir sie uns und anderen von der Schrift her erklären? Dieses Buch möchte helfen, sich mit den momentan heißen Eisen zu beschäftigen und Stellung zu beziehen.

Lehre uns beten, Herr!
Gedanken zum „Vaterunser"
Pb 128 Seiten, Best.-Nr. 273.363, Preis: € 7,90

Beten will gelernt sein. Dabei geht es in diesem Buch nicht um die äußere Form, sondern um den Inhalt - mehr noch: um die Person, zu der wir beten. Beschäftigen wir uns beim Beten mit unserem Gegenüber - oder stehen wir im Mittelpunkt? Selten finden wir in den Gemeinden eine Gebetsatmosphäre, die die Gegenwart des Vaters im Himmel ahnen lässt.

Lernen wir neu, was der Herr Jesus seinen Jüngern auf ihre Frage „Herr, lehre uns beten" vermitteln will.

Fütter den Adler!
Wie kann ich siegreich leben?
Pb 88 Seiten, Best.-Nr. 273.361, Preis: € 5,90

Dieses Buch entstand durch die vielfältigen Gespräche mit Menschen, die dem Autor begegneten. Oft wurde er gefragt, wie ein Christ siegreich im Glauben leben kann und nicht dauernd auf die Nase fällt. Er hat viele angetroffen, die hoffnungsvoll im Glauben gestartet sind, aber nach häufigen Niederlagen resignierten und nur noch in einem mageren Christenleben dahinvegetierten. Muss dies das Schicksal so vieler junger Christen sein?